Sur le bout de la langue

Introduction au phonétisme du français

Marilyn Lambert-Drache

French Studies
York University

D0873484

Sur le bout de la langue
Introduction au phonétisme du français.
Marilyn Lambert-Drache

First published in 1997 by
Canadian Scholars' Press Inc.
180 Bloor Street West, Suite 801
Toronto, Ontario
M5S 2V6

Canadian Cataloguing in Publication Data

Lambert-Drache, Marilyn, 1957–
          Sur le bout de la langue : introduction au phonétisme
du français

Includes bibliographical references.
ISBN 978-1-55130-100-6

1. French language — Phonetics. 2. French language —
Phonology. 3. French language — Textbooks for second
language learners — English speakers.* I. Title

PC2135.L35   1997   441'.4   C96-931426-4

TABLE DES MATIERES

Avant-propos

Cet ouvrage est destiné tout particulièrement aux étudiantes et étudiants en études françaises pour qui le cours de phonétique française constitue l'étape obligée vers une excellente maîtrise de la langue. Il s'adresse aussi à toute personne qui s'intéresse au français et désire acquérir des connaissances en phonétique française.

Par son approche à la fois théorique et pratique, ce manuel se propose de guider son public dans l'apprentissage des notions de base de phonétique générale ainsi que des spécificités du phonétisme du français. Cet apprentissage est consolidé, au fil du texte, par la mise en valeur des points importants ou par le rappel de données pertinentes. Par ailleurs, l'attention des lectrices et des lecteurs est souvent attirée sur une précision terminologique ou sur un exemple particulier.

Les «pratiques» qui ponctuent le texte ainsi que les exercices qui concluent chaque chapitre permettent de mettre en application les notion acquises.

Cet ouvrage est dédié aux étudiantes et aux étudiants qui, sans le savoir, m'ont guidée dans l'élaboration d'un manuel.

Marilyn Lambert-Drache

CHAPITRE 1

PHONOLOGIE ET PHONÉTIQUE

Tout francophone qui lira les séquences de lettres «par» et «bar» saura que celles-ci indiquent deux mots différents. Tout d'abord ces séquences renvoient à des sens différents, ensuite il existe entre les deux graphies une différence importante. Alors que dans «par», «p» précède la suite «ar», c'est un «b» qui précède «ar» dans le mot «bar».

Cependant, que l'on écrive le mot «pomme» en caractères minuscules (pomme), en majuscules (POMME), ou encore en italiques (*pomme*), le lecteur comprendra toujours qu'il s'agit du même mot et que celui-ci réfère au fruit de l'arbre appelé pommier.

Il en va de la prononciation comme de la graphie.

1.1 LE PHONÈME

Chaque langue se caractérise par des sons qui permettent de distinguer des sens. Par exemple, quand une personne prononce les mots «père» et «mère», son interlocuteur sait que ces deux mots sont différents: ils se différencient par un son - le son qui précède la voyelle graphiée «è» - et cette différence phonique entraîne une différence de sens. En somme, il est très important, pour le locuteur-auditeur, de savoir si c'est un /p/ («**père**») ou un /m/ («**mère**») qui a été prononcé devant la voyelle. Dans ce cas précis, les sons /p/ et /m/ permettent dans la langue de distinguer deux sens différents: ces sons s'appellent des **phonèmes**. Les phonèmes jouent donc un rôle dans la langue que l'on appelle un **rôle distinctif**.

Chaque langue possède un nombre fini de phonèmes. Quoique ce nombre puisse varier, on estime que la plupart des langues comptent moins de cinquante phonèmes. C'est en se combinant que les phonèmes permettent de former un nombre presque infini d'unités de sens. Ainsi avec les trois phonèmes français /a/ (comme dans «va»), /t/ (comme dans «flûte») et /p/ (comme dans «**pain**»), on peut former les unités /tap/ («tape»), /pat/ («patte») et /apt/ («apte»).

Les phonèmes d'une langue peuvent être répertoriés sur la base de

paires minimales. Pour établir une paire minimale, il faut trouver deux unités de sens dont la prononciation diffère par **un** son. Par exemple, «mes» (**/me/**) et «les» (**/le/**) forment une paire minimale.

PRATIQUE 1

Soit les mots suivants: «des», «ton», «mal», «sot», «les», «balle»,«son», «beau».

Prononcez ces mots et essayez de les grouper en **quatre** paires minimales.

1.2 L'ALLOPHONE

Tous les sons que nous entendons ne jouent cependant pas un rôle distinctif. Ces sons ne sont pas des phonèmes mais les réalisations concrètes des phonèmes : on les appelle des **allophones** ou des **variantes du phonème**. Théoriquement, le nombre des allophones est **infini**.

Imaginons, par exemple, deux personnes, Jacques et Hélène, qui disent aimer Paris. Jacques prononce «Paris» en roulant le /R/, tandis qu'Hélène prononce «Paris» sans rouler le /R/. Leur façon de prononcer /R/ ne m'empêche pas de comprendre que tous les deux aiment une ville et que cette ville est Paris. Ainsi, quand vous écoutez des francophones parler, vous pourrez remarquer des différences dans leur prononciation. Ces différences phoniques **ne changent pas** du tout le sens des mots.

Elles résultent soit du contact entre les sons dans la chaîne parlée - car les phonèmes ne sont presque jamais prononcés isolément- soit des particularités du locuteur comme sa classe sociale (accent social) ou son origine géographique (accent régional).

PRATIQUE 2

Notre façon de prononcer peut dépendre de facteurs autres que l'accent. Pouvez-vous trouver une ou deux raisons concrètes qui pourraient affecter notre prononciation?

1.3 PHONOLOGIE ET PHONÉTIQUE

La branche de la linguistique qui étudie les sons à fonction distinctive dans la langue s'appelle la **phonologie**. Les phonologues s'intéressent à répertorier les phonèmes de la langue et étudient comment ces phonèmes se combinent et fonctionnent dans la langue. En phonologie, les phonèmes se distinguent les uns des autres par des caractéristiques appelées **traits distinctifs**. Chaque phonème se différencie d'un autre phonème par l'absence ou la présence d'un trait. En somme, le phonologue s'intéresse à savoir si un phonème a ou n'a pas une caractéristique.

La **phonétique**, par contre, étudie les sons du langage indépendamment de leur fonction dans la langue. La phonétique générale qui est une des branches de la phonétique s'intéresse à la production des sons (phonétique articulatoire), à leur transmission (phonétique acoustique) et à leur perception ou réception (phonétique auditive).

PRATIQUE 3

Cherchez, dans un dictionnaire, l'origine des mots «phonème», «phonétique» et «phonologie».

Une description phonétique s'intéresse à toutes les caractéristiques concrètes du son même si celles-ci ne sont d'aucune importance au niveau phonologique. L'analogie suivante vous aidera peut être à comprendre. Si je comparais ma robe jaune avec ma jupe verte, je dirais,«phonologiquement» parlant, que la robe est jaune et que la jupe n'est pas jaune (ou que la robe n'est pas verte et que la jupe est verte). Par contre, si je voulais parler d'une façon «phonétique», je décrirais ma robe comme jaune foncé ou ma jupe comme vert pomme.

1.4 TRANSCRIRE LES SONS DU LANGAGE

Sons et graphie

La correspondance entre l'orthographe et la prononciation d'une langue est rarement biunivoque. Il est peu fréquent, en effet, qu'un son corresponde à une seule lettre et réciproquement. Prenons le cas de l'anglais par exemple où la suite graphique «ou» est prononcée différemment selon qu'il s'agisse du mot «tough» ou du mot «dough». En français, les graphies «en» et «an» sont prononcées pareillement dans les mots «vent» et «plan» alors que «en» dans le mot «examen» est prononcé comme «ain» dans le mot «pain» . Les voyelles nasales du français constituent d'ailleurs un parfait exemple du manque de correspondance entre la graphie et la prononciation. Chaque son vocalique nasal s'orthographie toujours avec deux ou trois lettres (ex: «bain»; «chien»; «bon»; etc.). A partir de ces exemples, on comprend que l'orthographe n'est ni la représentation la plus sûre ni la représentation la plus systématique de la prononciation des mots.

L'Alphabet phonétique international (API)

L'Alphabet phonétique international (API; IPA en anglais) a été publié pour la première fois en 1888 dans le journal de l'Association phonétique internationale. Fondée par le linguiste français Paul Passy, cette association comptait parmi ses membres des linguistes de renom comme Henry Sweet et Otto Jespersen.

L'Alphabet phonétique international est un ensemble de symboles qui permettent de transcrire les langues du monde. Cet alphabet est particulièrement utile pour la transcription des langues qui ne disposent d'aucun code d'écriture.

Le principe fondamental de l'Alphabet phonétique international est que **chaque son doit être représenté par un seul symbole et, réciproquement, chaque symbole correspond à un seul son.** Ainsi le symbole [t] correspondra à la prononciation de «t» et «th» dans les mots «moutarde» et «mathématiques».

En plus des symboles phonétiques, l'API comprend des signes **diacritiques.** Ces diacritiques qui s'ajoutent sur ou sous le symbole ou encore après celui-ci, permettent d'indiquer dans la transcription que le son transcrit par le symbole a subi un changement sous l'influence d'un autre son. Par exemple, le diacritique [ː] suivant le symbole [i] (comme dans «rire») indiquera que la voyelle est allongée par la consonne suivante. Il existe bien d'autres signes diacritiques dont l'utilisation sera expliquée ultérieurement (voir chapitre 10).

Transcription phonologique et transcription phonétique

Une transcription phonologique s'intéresse à représenter les phonèmes d'une langue. Les sons sont alors transcrits entre barres obliques (/ /). La transcription phonologique //ləpɔ̃/ («le pont») nous renseigne sur le fait que /l/, /ə/, /p/ et /ɔ̃/ ont valeur de phonèmes en français.

Une transcription phonétique permet de transcrire les sons indépendamment de leur fonction dans la langue. Dans une transcription phonétique, on représente les sons entre crochets ([ ]) en essayant de reproduire leur réalisation concrète avec le plus d'exactitude possible. Les phénomènes comme l'allongement décrit ci-dessus seront indiqués dans la transcription phonétique.

> ✍ NOTEZ BIEN...
>
> Les transcriptions données par les dictionnaires comme Le Petit Robert apparaissent entre crochets. Ces transcriptions ne sont pourtant pas strictement phonétiques. Par exemple, «rire» est transcrit [RiR] sans indication de l'allongement.

La transcription phonétique nous servira à décrire la prononciation d'un locuteur telle qu'on l'entend. Selon son degré de précision, la transcription phonétique sera qualifiée de plus ou moins «étroite».

1.5 TRANSCRIPTION DES VOYELLES DU FRANÇAIS

On donnera ci-dessous les symboles de l'API qui correspondent aux voyelles françaises qui ont valeur de phonèmes en français standard. Ces phonèmes sont les suivants:

/i/   ex: ira, bille, tri
/u/   ex: ouvrir, boule, trou...
/y/   ex: urgent, bulle, vu
/e/   ex: étage, stérile, blé...
/ɛ/   ex: aile, père, jouet.
/o/   ex: pot, rose, beau...
/ɔ/   ex: os, apporter...
/ø/   ex: euphorie, jeûne, bleu...
/œ/   ex: heurter, fleur...
/a/   ex: arriver, patte...
/ɑ/   ex: pâte, mât...
/ə/   ex: petit, acheter...

/ɛ̃/   ex: infini, craindre, pain...
/ɔ̃/   ex: honte, blonde, pont...
/œ̃/   ex: un, brun, parfum...
/ɑ̃/   ex: ennui, plante, vent...

> ✍ NOTEZ BIEN...
>
> Encore un exemple de l'écart entre graphie et phonie... L'enfant qui commence à lire apprend très tôt qu'à l'écrit, le français compte six voyelles («a,e,i,o,u,y »). Cependant on utilise 16 symboles pour transcrire les phonèmes vocaliques du français.

1.6 TRANSCRIPTION DES CONSONNES DU FRANÇAIS

Le français compte des consonnes qui ont valeur de phonèmes. Ces consonnes sont transcrites avec les symboles de l'API suivants:

/p/   ex: **p**orte, a**p**rès, cou**p**e...
/b/   ex: **b**onté, ha**b**iter,
/t/   ex: **t**ard, I**t**alie, a**tt**endre, plan**t**e...
/d/   ex: **d**ire, ma**d**ame, su**d**...
/k/   ex: **c**afé, **ch**lore, **k**oala, dé**c**oller, blo**c**..
/g/   ex: **g**arage, a**g**randir, bla**gu**e...
/f/   ex: **f**leur, a**ff**aire, pla**f**ond, neu**f**..
/v/   ex: **v**ite, a**v**ertir, fè**v**e..
/s/   ex: **s**el, **c**ertain, re**s**ter, ta**ss**e, atla**s**...
/z/   ex: **z**èbre, ra**s**er, ga**z**...
/ʃ/   ex: **ch**anter, a**ch**eter, po**ch**e...
/ʒ/   ex: **j**ouer, a**j**outer, pa**g**e...
/l/   ex: **l**ire, a**l**arme, a**ll**er, mo**ll**e, ma**l**...
/R/   ex: **r**ire, a**rr**ivée, ta**r**der, pha**r**e, pa**r**...

/m/   ex: **m**ère, a**m**er, fe**mm**e, blâ**m**e, tra**m**..
/n/   ex: **n**ord, pa**nn**eau, Hélè**n**e...
/ɲ/   ex: a**gn**eau, monta**gn**e.....

✍ NOTEZ BIEN...

De nombreux symboles utilisés pour transcrire les phonèmes consonantiques proviennent de l'alphabet romain (p, t, k..) à l'exception de /ʒ/, /ʃ/ et /ɲ/.

1.7 TRANSCRIPTION DES SEMI-CONSONNES DU FRANCAIS

Le français compte trois sons appelés «semi-consonnes» ou «semi-voyelles» dont on examinera ultérieurement le comportement (Voir chapitre 9). Ces trois «semi-consonnes» sont transcrites par les symboles suivants:

/j/ ex: **y**oga, pa**y**er, pa**ill**e, ra**il**...
/w/ ex: **ou**i, L**ou**is, l**ou**ange...
/ɥ/ ex: **h**uit, enn**u**i, (se) r**u**er....

EXERCICES

1. Transcrivez les sons qui différencient la prononciation du premier mot de celle du deuxième mot.

a. anneau - agneau   _____

b. bandeau - badaud   _____

c. rosé - rôdé   _____

d. doigt - roi   _____

e. manger - venger   _____

2. Donner la transcription phonologique des mots suivants.

a. lutin   _____

b. gâteau   _____

c. tomber   _____

d. kangourou   _____

e. as   _____

3. Trouvez les phonèmes (vocaliques ou consonantiques) qui ne sont pas indiqués dans la transcription. Le contexte de la phrase pourra vous aider.

a. Pour faire un sandwich, il faut du /p_ /.

b. Tous les matins, elle prend un /__ɔl/ de /_ _fe/ au /__ɛl/.

c. Ma /sœ_ / a acheté un /p_l/ vert à Jacques.

d. La petite /fi_ / aime les /b_b_ / à la /m_t/.

e. Je suis des /k_R/ de /__ɔnetik/ à /lyni__ɛR_ _ _e/.

4. Écrivez orthographiquement la phrase qui correspond à la transcription phonologique suivante:

/lƏluamɑ̃ʒelemutɔ̃/   _____

5. Chacun des mots transcrits peut être orthographié de deux façons différentes. Trouvez les deux graphies correspondantes.

a. /liR/   _____   _____

b. /vil/   _____   _____

c. /Rɛ/   _____   _____

d. /tɑ̃t/   _____   _____

e. /syR/   _____   _____

6. Indiquez si les affirmations suivantes sont vraies (V) ou fausses (F).

a. Quand on fait une transcription phonologique ou phonétique, on laisse un espace entre chaque son.   _____

b. Dans une transcription phonologique ou phonétique, on indique les signes de ponctuation (point, virgule,..).   _____

c. La transcription phonétique doit commencer et finir par un crochet.   _____

d. «lait» et «lard» constituent une paire minimale.   _____

e. Chaque symbole phonétique représente un seul et même son.   _____

CHAPITRE 2

CARACTÉRISTIQUES DU PHONÉTISME DU FRANÇAIS

Chaque langue se caractérise par des habitudes articulatoires qui constituent la **base articulatoire** de la langue. Dans ce chapitre, nous mettrons l'accent sur les habitudes articulatoires qui distinguent le français de l'anglais. D'après Pierre Delattre (1953:59-63), les caractéristiques articulatoires du français se résument à trois tendances ou «modes» : le mode tendu, le mode antérieur et le mode croissant. Ces modes permettent d'expliquer notamment pourquoi le français se caractérise par une forte tension articulatoire, une articulation antérieure, une tendance à la syllabation ouverte ainsi qu'une détente énergique des consonnes finales.

2.1 LA TENSION ARTICULATOIRE

Tension des muscles pendant l'articulation

La prononciation des voyelles et consonnes françaises se caractérise par une forte tension articulatoire. Cette **tension articulatoire** résulte de l'effort déployé par les muscles pendant la production d'un son. En effet, tous les muscles impliqués dans l'articulation se tendent et en conséquence, les organes articulatoires se maintiennent dans la même position pendant toute la durée de la production du son. Toute l'articulation est tendue et énergique même en débit rapide.

Voyons donc maintenant comment le mode tendu se manifeste dans les systèmes vocalique et consonantique du français.

Conséquences de la tension articulatoire sur la production des voyelles

En ce qui concerne les voyelles, la tension articulatoire se manifeste par une grande audibilité et une grande stabilité du son vocalique. La voyelle ne change pas de timbre au cours de sa production, même dans le cas des voyelles longues.

PRATIQUE 1

Prononcez la voyelle /i/ pendant quatre secondes (/iiiiiii/).
Maintenez une forte tension pendant toute la durée de la
voyelle.

La tension articulatoire distingue le système vocalique du français
de celui de l'anglais. Deux différences importantes existent entre les
deux langues.

Tout d'abord, le système vocalique de l'anglais compte des voyelles
brèves et relâchées (comme dans «sit», «bull», «mill», etc.) alors
qu'en français, toutes les voyelles sont tendues. Notons qu'au Québec
et en Normandie (France), on atteste, en syllabe fermée par une consonne, les prononciations relâchées [I] [U] et [Y] : il s'agit là de variantes des phonèmes /i/ /u/ et /y/.

PRATIQUE 2

Prononcez le mot anglais «**bull**» puis le mot français
«**boule**». Sentez-vous la forte tension articulatoire pendant
la prononciation du deuxième mot?

La deuxième différence entre le français et l'anglais concerne l'absence de diphtongues en français. Les diphtongues qui sont des
voyelles segmentées en deux éléments de timbre différent (ex: /aI/ /eI/)
ont valeur de phonèmes en anglais. Notons par exemple la paire minimale «pay» (/peI/) et «pie» (/paI/) en anglais. En français, les diphtongues sont attestées dans certaines prononciations régionales de
France (Bourgogne, Lorraine,..) et du Canada (Québec, Manitoba).
Cependant elles n'ont aucune fonction distinctive : qu'un locuteur
diphtongue ou non le /œ/ du mot «beurre», cela ne changera pas le sens
du mot.

PRATIQUE 3

Comparez la prononciation du mot anglais «**bowl**» à celle
du mot français «**bol**». Percevez bien la variation de tension qui se produit pendant la réalisation de la diphtongue
de «bowl». Par contre, le timbre du /ɔ/ de «bol» est constant.

Conséquences de la tension articulatoire sur la production des consonnes

Du fait de la forte tension articulatoire qui le caractérise, le français, contrairement à l'anglais, ne comporte pas de consonnes aspirées. L'aspiration réfère au souffle d'air qui accompagne la production de la consonne. L'aspiration est comparable à une petite «explosion» d'air. En anglais, l'**aspiration** concerne les consonnes /p/ («**p**ear»), /t/ («**t**able») et /k/ («**c**oat») en début de syllabe accentuée : ces consonnes sont transcrites phonétiquement par [pʰ] [tʰ] [kʰ]. En français, les consonnes /p,t,k/ ne sont jamais aspirées.

PRATIQUE 4

Tenez la paume de votre main assez près de votre bouche et prononcez le mot anglais «**pool**». Sentez-vous le souffle d'air qui accompagne la production de la consonne initiale?

Maintenant prononcez le mot français «**poule**». Vous ne devriez pas sentir d'aspiration ....

2.2 L'ANTÉRIORITÉ

En français, un grand nombre de sons sont articulés vers l'avant de la cavité buccale. Cela implique que la **langue** effectue de nombreux mouvements vers l'avant de la bouche. L'**antériorité** de l'articulation s'observe bien dans le système vocalique du français qui compte neuf voyelles antérieures sur quinze (Voir chapitre 5). Ces voyelles sont, par exemple, /i/ («**pire**»), /e/ («**thé**») et /ø/ («**feu**»). L'antériorité se constate aussi dans le cas des consonnes dont l'articulation implique la pointe de la langue (ex: /t/ /d/ /n/ /s/) . Ces consonnes sont plus antérieures en français qu'en anglais.

PRATIQUE 5

Prononcez la consonne /**t**/ plusieurs fois de suite (/t/ /t/ /t/ /t/) en poussant bien la pointe de la langue contre les dents supérieures.

D'autres organes placés à l'avant de la cavité buccale sont aussi très actifs dans l'articulation des voyelles et des consonnes françaises. Les lèvres, notamment, jouent un rôle significatif. En s'arrondissant, elles contribuent à l'articulation des voyelles arrondies comme /o/ et /u/. En s'accolant, elles participent à l'articulation des consonnes dites labiales comme /p/ /b/ /m/.

2.3 LA SYLLABATION OUVERTE

Syllabe ouverte et syllabe fermée

Quand on parle, les sons se sont pas prononcés isolément. Ils se combinent d'abord en **syllabes** puis en **groupes rythmiques** de longueur différente.

En français **la voyelle est le noyau de la syllabe.** On peut donc dire qu'il y a toujours autant de syllabes que de voyelles prononcées. On a deux types de syllabes: la syllabe **ouverte** qui se termine par une voyelle et la syllabe **fermée** qui se termine par une ou plusieurs consonnes prononcées.

La **syllabe ouverte** se termine par une voyelle prononcée. Elle peut être formée par:

1. une voyelle (ex: «eau» /o/).
2. une séquence "consonne + voyelle" (ex: «beau» /bo/)
3. une séquence "consonne + consonne + voyelle" (ex: «gros» /gRo/)
4. une séquence "consonne + consonne + semi-consonne + voyelle" (ex: «pluie» /plɥi/)

La **syllabe fermée** se termine par une ou plusieurs consonnes. Elle est formée par:

1. une séquence "voyelle + consonne" (ex: «or» /ɔR/).
2. une séquence "voyelle + consonne + consonne" (ex: «harpe» /aRp/)
3. une séquence "voyelle + consonne + consonne + consonne" (ex: «muscle» /myskl/)

Dans la syllabe fermée comme dans la syllabe ouverte, la voyelle peut être **précédée** d'une ou de plusieurs consonnes (ex: «port» /pɔR/; «trouve» /tRuv/; «croire» /kRwaR/..)

PRATIQUE 6

Dans les mots «suite», «voeu», «mot» et «classe», la syllabe est-elle ouverte (SO) ou fermée (SF)?

A partir de l'analyse de documents oraux de 2000 syllabes chacun, Pierre Delattre (1965:42) a montré qu'en français, on compte plus de syllabes ouvertes que de syllabes fermées (Tableau 2.1). Comparé à l'anglais ainsi qu'à l'espagnol et à l'allemand, le français se caractérise par un pourcentage plus élevé de syllabes ouvertes. Le français montre donc une nette **tendance à la syllabation ouverte.**

	Pourcentages de syllabes ouvertes	Pourcentages de syllabes fermées
Français	**76%**	24%
Anglais	40%	60%
Allemand	37%	63%
Espagnol	72%	28%

Tableau 2.1 Distribution des syllabes en français, anglais, allemand et espagnol (Delattre, 1965:42)

Principes de découpage syllabique

Les résultats de Delattre montrent surtout que l'anglais et le français s'opposent nettement en ce qui concerne la syllabation. L'étudiant dont la première langue est l'anglais ne devra donc pas oublier cette caractéristique du français.

Le principe de base du découpage syllabique est de **rattacher toute consonne ou semi-consonne (/j/ /w/ /ɥ/) intervocalique (entre deux voyelles) à la voyelle qui suit.** On indiquera la **coupe syllabique** ou **frontière syllabique** avec un tiret (-).

✍ REGARDEZ BIEN..

La phrase suivante a été segmentée en syllabes:

Jean est arrivé tôt à Paris hier
/ʒɑ̃-ɛ-ta-Ri-ve-to-a-pa-Ri-jɛR/

Le principe de base acquis, l'étudiant devra cependant avoir connaissance des règles de découpage syllabique suivantes :

1. Un groupe consonantique formé d'une consonne de l'ensemble /p,t,k,b,d,g,f,v/ suivie de /R/ ou /l/ doit se rattacher à la voyelle qui suit :

   appris   /a-**pR**i/
   effriter   /e-**fR**i-te/
   déplacer   /de-**pl**a-se/

2. Un groupe formé d'une seule consonne suivie d'une semi-consonne (/j/ /ɥ/ /w/) doit se rattacher à la voyelle qui suit:

papier   /pa-**pj**e/
aboyer   /a-**bw**a-je/

3. Un groupe formé de la consonne /s/ suivie d'une autre consonne (ex:/sk/ /sp/ /st/ /sv/ /sl/ /sn/) peut se rattacher à la voyelle qui le suit :
aspirer   /a-**sp**i-Re/
escalade   /e-**sk**a-lad/

4. Un groupe de deux consonnes autre que ceux indiqués en (1) (2) et (3) sera découpé entre les deux consonnes. La deuxième consonne s'attachera à la voyelle qui la suit:
parti   /pa**R-t**i/
lactée   /la**k-t**e/
excès   /ɛ**k-s**ɛ/

5. Un groupe de trois ou quatre consonnes sera généralement découpé après la première consonne :
actrice   /a**k-tR**is/
substitut   /sy**b-st**i-ty/
abstrait   /a**b-st**Rɛ/

Exception: Si le groupe consonantique de trois consonnes est acceptable en début de mot en français, il pourra, à l'intérieur du mot, être rattaché à la voyelle qui suit :
maladroit   /ma-la-**dR**wa/
déployer   /de-**pl**wa-je/

PRATIQUE 7

Pouvez-vous trouver des mots français (d'une ou plusieurs syllabes) dont la syllabe initiale est formée du groupe /skl/ /Rp/ /stR/ /lp/ /lk/ /spl/ /fRj/ /dRw/ suivi d'une voyelle?

On constate une certaine variation pour les groupes de trois consonnes commençant par la consonne /s/ (/spR/ /spl/..). En effet, la coupe syllabique peut se trouver avant le /s/ ou après celui-ci. Ainsi le mot «esprit» peut se découper de deux façons: /e-**spR**i/ ou /ɛ**s-pR**i/ (Martinet et Walter, 1973:352).

2.4 LA DÉTENTE DES CONSONNES FINALES

Les consonnes finales en français

En français, toutes les consonnes finales écrites ne sont pas prononcées. Ces consonnes dites «muettes» se trouvent dans les mots «estomac» (/ɛstɔmɑ/), «paix» (/pɛ/), «tronc» (/tRɔ̃/), «porc» (/pɔR/). Il s'agit, dans de nombreux cas, de sons consonantiques qui ont cessé d'être prononcés en français dès le XIème siècle.

Cependant, dans beaucoup d'autres mots, la consonne finale écrite se prononce. Prenons comme exemples les mots «lac» (/lak/), «roc» (/Rɔk/) et «brut» (/bRyt/). Ces exemples ne sont qu'un minime échantillon des mots pour lesquels la consonne finale se prononce. Il suffirait de consulter un dictionnaire pour s'en convaincre.

PRATIQUE 8

Doit-on prononcer les consonnes finales des mots suivants :
«tabac», «cap», «drap», «sirop», «clef», «album» ?

Il faut aussi savoir que les consonnes finales peuvent remplir une fonction grammaticale. La présence ou l'absence de la consonne finale peut véhiculer des informations grammaticales importantes. La consonne finale peut indiquer le genre (masculin/féminin) du nom ou de l'adjectif. Ainsi la prononciation du /t/ final fait la différence entre le féminin et le masculin de l'adjectif «petit» («petit» /pɔti/; «petite» /pɔtit/). La consonne finale peut aussi indiquer le nombre (singulier/pluriel) du nom, de l'adjectif ou du verbe. Par exemple, la prononciation du /f/ permet d'opposer le nom singulier «oeuf» (/œf/) à sa forme pluriel «oeufs» (/ø/). Prenons un autre exemple. Si je dis /ilfini/, mon interlocuteur saura qu'il s'agit de la 3ème personne du singulier du verbe «finir» au présent de l'indicatif («il finit») et non de la 3ème personne du pluriel («ils finissent» /ilfinis/) car je n'ai pas prononcé le /s/ final.

PRATIQUE 9

Prononcez les mots «boeufs», «laide», «écrit», «vivent», «gris».

Expliquez, pour chaque mot, pourquoi la consonne finale se prononce ou ne se prononce pas.

La détente énergique des consonnes finales

En français , les consonnes finales sont toujours très audibles. Cette caractéristique résulte de l'énergie avec lesquelles elles sont prononcées. On dit que la détente des consonnes finales françaises est énergique. La détente correspond à la dernière phase de la production de la consonne, phase pendant laquelle la cavité buccale s'ouvre et laisse passer l'air expiré. Cette énergie est particulièrement nette pour les consonnes /p,t,k/ mais elle caractérise les autres consonnes finales comme /R/ ou /l/.

PRATIQUE 10

Prononcez les paires de mots anglais et français suivants: «sit» «site»; «pale» «pâle»; «park» «parc». Notez bien la différence entre la détente des consonnes finales en anglais et en français.

La détente des consonnes finales françaises est si énergique que la consonne semble quelquefois être suivie d'un bref segment vocalique [ᵊ] qui rappelle - mais n'est pas- le /ə/. Ceci est particulièrement vrai dans le cas des consonnes comme /v/ («lave» [lavᵊ]), /s/ («passe» [pasᵊ]) et /ʃ/ («vache» [vaʃᵊ]).

PRATIQUE 11

Prononcez les mots suivants en mettant beaucoup d'énergie sur les consonnes finales : «place», «talc», «vite», «prise», «pique», «pâle».

EXERCICES

1. Les mots suivants peuvent se segmenter en deux ou trois syllabes. Effectuez le découpage syllabique en suivant les règles énoncées dans la leçon.

a. capricieux	/kapRisjø/	_____
b. adroite	/adRwat/	_____
c. stressant	/stREsã/	_____
d. travailleur	/tRavajœR/	_____
e. action	/aksjɔ̃/	_____

2. Faites le découpage syllabique de la phrase suivante à partir de la transcription donnée. Marquez les coupures syllabiques avec des tirets.

Paul a écrit une lettre à sa cousine Carmen hier soir.

/pɔlaekRiynlɛtRasakuzinkaRmɛnjeRswaR/

_____

3. Tous les mots suivants se terminent par une consonne prononcée. Transcrivez cette consonne.

a. duc _____   f. rose _____

b. gentille _____   g. port _____

c. fils _____   h. pape _____

d. sept _____   i. lobe _____

e. franche _____   j. panne _____

4. Dans chacune des phrases suivantes, un seul mot a été transcrit phonologiquement. Donnez la forme orthographique de ce mot dans la colonne de droite.

a. Il a mangé /tu/ le gâteau.   a. _____

b. Les films de Pagnol? Je les ai /tus/ vus.   b. _____

c. Il fait des /byl/ de savon.   c. _____

d. Quels beaux /ʃɘvo/ !   d. _____

e. Elle a /tRo/ travaillé.   e. _____

5. Associez la bonne transcription phonologique (colonne de droite) à chaque mot orthographié (colonne de gauche).

a. jonque   1. /ba/

b. bac   2. /ʒɔ̃/

c. jonc   3. /bas/

d. basse   4. /ʒɔ̃k/

e. bas   5. /bak/

6. Trouvez la forme au féminin de chaque adjectif donné. Donnez-en une transcription.

a. fort /fɔR/ _____

b. gris /gRi/ _____

c. beau /bo/ _____

d. épais /epɛ/ _____

e. malin /malɛ̃/ _____

CHAPITRE 3

CARACTÉRISTIQUES PROSODIQUES DU FRANÇAIS

La **prosodie** englobe des phénomènes qui touchent des unités plus grandes que les phonèmes, à savoir la syllabe, le groupe rythmique, la phrase et l'énoncé. Ce chapitre sera consacré à la description de l'accentuation, de la structure rythmique et de l'intonation en français.

3.1 L'ACCENTUATION

Syllabe accentuée et syllabe inaccentuée

On a vu que, dans la parole, les sons ne se prononcent pas isolément. Ils se groupent en unités appelées les syllabes (voir chapitre 2). Certaines syllabes de la chaîne parlée «s'entendent» mieux que d'autres. Si je prononce le mot «ordinateur», c'est clairement la dernière syllabe qui sera la plus audible («ordina**teur**»). Cette syllabe est, en effet, **accentuée**.

Le terme **accentuation** désigne **la mise en relief d'une syllabe** dans une unité comme le mot ou le syntagme. Notez que le terme **accent** est souvent utilisé avec le même sens que le mot accentuation.

L'accentuation correspond à une **proéminence d'énergie articulatoire** qui se manifeste, notamment, par une augmentation de la **durée.** La durée est jugée comme la marque essentielle de l'accentuation française. En effet, en français standard, une syllabe accentuée est, en moyenne, deux fois plus longue qu'une syllabe inaccentuée. Dans l'exemple du mot «ordinateur», la syllabe «teur» est plus longue que les autres syllabes.

La syllabe accentuée semble donc «dépasser» les autres parce qu'elle est allongée et non parce qu'elle a plus de force. En effet, en français, syllabes accentuées et syllabes inaccentuées ont la même force à l'intérieur du groupe rythmique: on parle d'**égalité rythmique**.

PRATIQUE 1

Lisez les mots ou groupes suivants en accentuant la syllabe en caractères gras: «pa**nier**», «carac**tère**», «impor**tant**», «la fleur de **lys**», «la tartine beu**rrée**».

Allongez la syllabe accentuée!

Dans la transcription phonétique, l'accent sera noté par le symbole [ˈ] devant la syllabe accentuée. Dans ce chapitre, les syllabes accentuées apparaîtront en caractères gras.

Fonction démarcative de l'accentuation

Considérée comme une langue à accent fixe, le français accentue toujours la syllabe **finale** du mot ou du groupe:

le **pot**
le cache-**pot**
le joli cache-**pot**
le joli cache-pot **bleu**
le joli cache-pot **bleu** est tom**bé**

Comme le montrent ces exemples, l'accentuation permet de marquer la fin de chaque unité de sens dans la chaîne parlée. On dit que l'accentuation a une fonction **démarcative**.

PRATIQUE 2

Soulignez les syllabes accentuées dans chacune des phrases suivantes:

Le petit chat gris boit du lait

Les enfants aiment la glace

De par sa fonction démarcative, l'accentuation du français s'oppose à celle des langues dites à accent libre (anglais, italien, espagnol...). Dans ces langues, en effet, l'accentuation peut remplir une fonction distinctive.

En anglais, par exemple, la place de l'accentuation permet de distinguer entre «**sup**plement» (un supplément) et «supple**ment**» (augmenter, compléter), «**export**» (une exportation) et «ex**port**» (exporter), etc.. En italien, l'accentuation permet de différencier entre «**par**lo» (je parle) et «par**lo**» (il parla).

Fonction d'insistance de l'accentuation

L'accentuation peut servir à mettre l'emphase sur une unité qui ne serait normalement pas accentuée. L'**accentuation d'insistance** permet, par exemple, de manifester un sentiment ou de souligner un élément important dans le message:

Pose ton livre **sous** ta chaise

C'est **fan**tastique

C'est **mon** stylo

Je m'en occupe

Vous avez dit **mar**di ou **jeu**di

Dans chacun de ces exemples, l'accentuation porte sur une syllabe autre que la syllabe finale du groupe. Cependant, pour plus d'effet, l'accentuation d'insistance peut venir s'ajouter à l'accentuation démarcative:

C'est **ridi**cule !

L'accentuation d'insistance se réalise par une montée brusque de l'**intensité**. Elle correspond donc à une proéminence de nature acoustique et non articulatoire comme c'est le cas pour l'accentuation démarcative.

Dans la transcription phonétique, l'accentuation d'insistance sera notée par ["] devant le mot mis en relief.

PRATIQUE 3

Répondez à chaque question suivante en utilisant l'unité entre parenthèses (l'accentuation d'insistance porte sur la syllabe en caractères gras):

Tu le trouves intéressant?
(**pa**ssionnant)

Ce mot s'écrit avec deux «l»?
(avec **un** «l»)

Tu portes toujours ce parfum?
(J'**a**dore)

L'accentuation d'insistance rend le discours marqué : en effet, il est moins neutre de dire «il est **for**midable» que «il est formi**dable**».

3.2 LA STRUCTURE RYTHMIQUE

Le groupe rythmique

L'accentuation démarcative permet de délimiter, dans la parole, des unités appelées **groupes rythmiques**. Chacun de ces groupes est formé d'**une ou plusieurs syllabes dont la dernière seulement est accentuée:**

Le cheval **blanc** galope à travers **champs**

Les romans poli**ciers** me pa**ssionnent**

Le groupe rythmique forme une **unité de sens** qui peut correspondre à un syntagme nominal (ex: «le cheval blanc»), verbal (ex:«me passionnent») ou autre. Il peut quelquefois coïncider avec un **groupe de souffle**, c'est-à-dire un groupe terminé par une pause. La pause peut marquer le moment où le locuteur reprend son souffle, hésite ou veut marquer un point important dans son discours:

C'était un **homme** ... un homme **digne**

✍ NOTEZ BIEN..

Une barre oblique (/) indique la fin du groupe rythmique ou une légère pause.

Deux barres obliques (//) indiquent une pause importante.

Cependant, il faut savoir qu'un groupe de souffle peut correspondre à plusieurs groupes rythmiques. Ainsi le groupe de souffle:

Oui/ j'l'ai vu avec sa soeur à cinq heures// comprend les groupes rythmiques:

Oui/ j'l'ai vu /avec sa soeur / à cinq heures/

Le rythme

Le terme **rythme** n'est pas spécifique à la phonétique. En effet, on parle couramment du rythme cardiaque, en médecine, ou d'une musique rythmée ou encore du rythme de parution d'un journal. D'une façon générale, le rythme indique qu'il y a répétition à intervalles réguliers d'un élément (un battement du coeur, un mouvement musical, la parution du journal..). Le rythme d'une langue comme le français va être marqué par **le retour régulier de syllabes accentuées ainsi que par le nombre de syllabes contenues dans les groupes rythmiques.** Notez que le débit correspond au nombre de syllabes par seconde.

Le nombre de syllabes dans un groupe rythmique peut varier entre 3 et 7 selon le type de discours (discours spontané, conférences lues, lecture de conte..). Les groupes rythmiques seront en moyenne plus courts (3-4 syllabes) en discours spontané (ex: C'que tu m'dis/ n'a aucun sens/) qu'en lecture (ex: Ce que tu me dis / n'a aucun sens/). Rappelons ici le principe d'égalité rythmique: toutes les syllabes du groupe rythmique ont la même force.

L'émotion, la joie, la tristesse, l'enthousiasme, etc.. vont se manifester au niveau du rythme et bouleverser le patron rythmique de base qui est décrit comme une suite de trois syllabes atones et d'une syllabe accentuée plus longue. Sous l'effet d'une émotion, l'accentuation d'insistance pourra aussi contribuer à la modification du patron rythmique standard du français:

C'est **incroyable/** t'as gagné **trois** millions/

PRATIQUE 4

Découpez chaque phrase suivante en groupes rythmiques et comptez le nombre de syllabes de chaque groupe:

Je voulais te dire/que je m'en vais

C'cours-là/ j'l'aime pas du tout

Avec une orange/ tout s'arrange[1]

Chaque syllabe du groupe rythmique peut être comparée à ce qui est, en musique, appelé un **temps** à savoir chaque division égale de la mesure. Un groupe rythmique à deux syllabes se compare à une mesure à deux temps propre au rythme binaire (ex: c'est beau = 1 **2**) alors qu'un groupe rythmique à trois syllabes correspondrait à un rythme ternaire (ex: Quelle beauté [kɛl-bo-`te] = 1 2 **3**).

Le rythme est très important en poésie. Par exemple, de nombreuses oeuvres classiques françaises ont été écrites en alexandrins. Ainsi *Andromaque*, la tragédie de Racine, est entièrement rédigée en vers de douze syllabes divisés en quatre mesures. En guise d'exemples, citons une réplique d'une Andromaque moins connue (et peu conventionnelle) dont l'auteur est Léopold, patron de café et passionné d'alexandrins dans *Uranus*[2] :

Mon Dieu, c'est-il possible. Enfin voilà un homme!
  1   2 / 1 2 3 4 / 1 2/ 1 2 3   4
Voulez-vous du vin blanc ou voulez-vous du rhum?
  1   2 3 / 1 2 3 / 1 2 3 4 / 1   2

---

1. Slogan publicitaire bien connu des Français
2. Roman de Marcel Aymé, 1948, Paris : Gallimard, coll. Folio.

3.3 L'INTONATION

La mélodie de l'énoncé

On réfère souvent à l'**intonation** d'un énoncé comme à une **mélodie**. L'analogie se comprend. L'intonation est marquée par des **intonèmes** qui sont réalisés notamment par variations de fréquence, de durée ou d'intensité comparables à des variations musicales. En somme, ce sont les **modulations de la voix** (la voix monte vers l'aigu ou descend vers le grave) qui produisent la courbe mélodique de l'énoncé. Dans l'exemple suivant, on notera les variations par ↗ ou ↘ :

La mère de Jacques ↗ parlera à Paul ↗ demain soir ↘

Fonction démarcative de l'intonation

Tout comme l'accentuation, l'intonation a une fonction démarcative. Les intonèmes permettent de délimiter des **groupes intonatifs**:

Ils parlent ↘

François ↗ parle à Paul ↗ tous les jours ↘

Comme le montrent ces exemples, le groupe intonatif peut correspondre à une unité sémantique et/ou syntaxique (ou syntagme). De ce point de vue, l'intonation peut parfois coïncider avec l'accentuation ou la pause. Cependant, l'intonation peut quelquefois jouer à elle seule la fonction de délimitation des unités syntaxiques (Pour plus de détails, voir Di Cristo, 1981).

Fonction modale de l'intonation

Dans certains cas, en l'absence d'autres marques, une intonation terminale spécifique suffit à signaler si la phrase est affirmative, interrogative, impérative, etc:

Il dort ? ↗ Il dort ↘

D'après Di Cristo (1981:47), l'intonation a donc une fonction **modale** qui fonctionne à deux niveaux: le niveau de modalité primaire (non expressive) et celui de modalité secondaire (expressive). Au niveau expressif, l'intonème sera noté /↗+/ ou /↗+/ , indiquant une variation plus importante.

Fonction expressive de l'intonation

Une fonction importante de l'intonation est la fonction **expressive**. En effet, la courbe mélodique d'un énoncé traduit, souvent, des émotions (colère, tristesse..) ou des attitudes (doute, soupçon..).

PRATIQUE 5

Essayez de dire les énoncés - sans ponctuation - suivants en simulant le sentiment indiqué entre parenthèses:

Tu te trouves drôle (colère)

Quelle triste histoire (tristesse)

Il t'a dit cinq heures (doute)

La personne qui vous écoute devrait avoir perçu le sentiment exprimé. Sinon, essayez encore...

La fonction expressive se double quelquefois d'une fonction de mise en relief (Di Cristo, 1981: 52): l'intonation peut, en effet, permettre de mettre l'emphase sur un mot ou une suite de mots:

C'est une belle ↗ petite fille..

Les contours intonatifs de base

L'étudiant étranger devra maîtriser les **quatre contours intonatifs de base** à savoir:
- le contour déclaratif;
- le contour impératif;
- le contour de la question totale (oui/non);
- le contour de la question partielle introduite par un mot interrogatif.

Dans ce chapitre, nous reprendrons la schématisation de Léon, Bhatt, Baligand (1989) qui utilisent une échelle à quatre niveaux de hauteur sur laquelle l'énoncé visualise le contour mélodique.

Le contour déclaratif   La phrase déclarative « Jean arrive» est marquée par une intonation descendante:

4

---

3   Jean

---

2   a-

---

1   rrive

Le contour impératif Le contour impératif de la phrase «Répondez-vite» est marqué par une descente mélodique rapide:

4	Ré-
3	pon-
2	dez
1	vite

Le contour de la question totale (oui/non) On considère ici les questions qui ne sont pas introduites par un mot interrogatif. La question peut être formulée sans inversion et avoir un contour montant:

4	
3	tez?
2	Vous par-
1	

La question peut aussi être formulée avec inversion:

4	
3	vous?
2	Partez-
1	

Le contour de la question partielle introduite par un mot interrogatif
La phrase «est-ce que vous venez?» a un contour proche de celui de la
phrase déclarative. Elle sera schématisée comme suit:

4		
3		que
2	Est-c(e)	vous venez?
1		

On représentera comme suit la question «comment le savez-vous?»:

4		mment	
3	Co-		
2		le savez-	
1			vous?

EXERCICES

1. **Lisez les mots ou groupes suivants en accentuant toujours la syllabe finale du mot ou du groupe. Rappelez-vous que toutes les syllabes ont la même force: la syllabe accentuée est simplement plus longue.**
   a. plantation
   b. la grande plantation
   c. la grande plantation de canne à sucre
   d. panier
   e. un panier d'osier
   f. Elle porte un panier d'osier

2. **Créez des phrases formées, chacune, de deux groupes rythmiques ayant le nombre indiqué de syllabes.**
   a. 1 2 3 4 / 1 2 3
   b. 1 2 / 1 2 3
   c. 1 2 3 / 1 2 3 4

3. Indiquez si les affirmations suivantes sont vraies (V) ou fausses (F).

    a. L'accentuation démarcative se manifeste par l'allongement de la syllabe.   _____

    b. L'accentuation est distinctive en français.   _____

    c. Le rythme d'un énoncé dépend du nombre de syllabes par seconde.   _____

    d. L'anglais est une langue à accent libre.   _____

4. Lisez chaque phrase suivante et déterminez s'il s'agit d'un contour déclaratif, interrogatif ou impératif.

4	c'est		
3		for-	
2			mi-
1				dable

4			
3			
2	vous	sor-	
1			tez

4			nois
3		parlez	chi-
2	Vous		
1			

4		
3		
2	il	parle
1		vite

CHAPITRE 4

LA PRODUCTION DES SONS DE PAROLE
L'APPAREIL PHONATOIRE

Les sons de parole sont produits par modulation de l'air expiré par les poumons. Tous les organes impliqués dans ce processus constituent l'**appareil phonatoire** et sont appelés **organes phonatoires** ou **articulatoires**. En dépit de leur dénomination, aucun de ces organes n'est spécifique à la production des sons. En fait, ils participent aussi à la respiration et à la digestion. Dans ce chapitre, nous décrirons les différents organes phonatoires et leur rôle dans la production des sons.

4.1 L'APPAREIL RESPIRATOIRE

Fonction de l'appareil respiratoire

La production d'un son nécessite une source d'énergie. Cette énergie est fournie par l'**air** qui circule dans l'appareil respiratoire. On réfère souvent à l'appareil respiratoire en termes d'**organes sous-glottiques** car ces organes sont situés au dessous du larynx et donc de la glotte.

Comprenant notamment les **poumons**, le **diaphragme** et la **trachée artère** (voir figure 4.1), l'appareil respiratoire assure une fonction biologique essentielle: la **respiration**. Le cycle respiratoire comporte deux phases: l'**inspiration** pendant laquelle l'air arrive aux poumons et l'**expiration** où l'air est chassé des poumons. En respiration normale, l'inspiration et l'expiration sont de durée égale. Cependant quand on parle, l'inspiration est plus rapide que l'expiration.

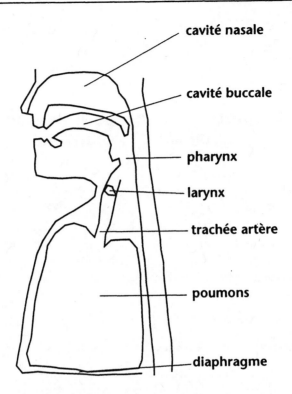

Figure 4.1 L'appareil phonatoire

Les poumons et le diaphragme

Situés dans la cage thoracique, les **poumons**, corps élastiques et spongieux, sont comparables à des éponges. A l'inspiration, ils se gonflent d'air alors qu'à l'expiration, ils se vident de l'air qu'ils contiennent. Le **diaphragme** qui est essentiel à ces deux mouvements est un muscle entre la cavité thoracique et la cavité abdominale.

A l'inspiration, les muscles intercostaux se contractent et soulèvent les côtes, ce qui permet à la cage thoracique de s'élargir. Le diaphragme s'abaisse et les poumons peuvent alors se gonfler de l'air inspiré. En respiration normale, c'est-à-dire en respiration non forcée, le volume d'air inhalé est d'environ 3 litres. En respiration forcée, les poumons peuvent contenir jusqu'à 5 litres d'air.

A l'expiration, les côtes s'abaissent et le diaphragme s'élève. L'air est alors expulsé des poumons. Certes, tout l'air contenu dans les poumons n'est pas expiré: il reste toujours un peu d'air dans les poumons.

𝔀 ESSAYEZ....

Inspirez puis expirez profondément. Sentez-vous les mouvements du diaphragme?

La majorité des sons de parole sont produits pendant l'étape d'**expiration**. Il arrive cependant que, dans certaines circonstances particulières, les sons soient produits pendant l'inspiration. C'est ce qui se passe lorsqu'une personne essaye de parler tout en pleurant, en riant ou après avoir couru ou fait un effort qui l'a essouflée.

Certaines langues se caractérisent par des sons produits sans utilisation de l'air expiré par les poumons. Les sons appelés **clics** caractéristiques de quelques langues africaines (le hottentot, le sanbawe) sont réalisés dans la bouche en utilisant l'air inspiré.

La trachée artère

C'est par la **trachée artère** que l'air arrive aux poumons ou qu'il est expulsé des poumons. La trachée est un tube cartilagineux qui relie les poumons à l'extrémité inférieure du larynx.

✍ NOTEZ BIEN

Ne confondez pas la trachée artère et l'oesophage. La trachée conduit aux poumons, l'oesophage à l'estomac.

4.2 LE LARYNX ET LES CORDES VOCALES

Le larynx

Le **larynx** est un organe essentiel de la phonation, c'est-à-dire de la production de la voix et du langage articulé.

Le larynx est une boîte cartilagineuse qui est reliée à la trachée par sa base, le cricoïde. Sa partie principale, le thyroïde ressemble à un bouclier car il est ouvert vers l'arrière. Dans sa partie supérieure, le larynx se finit par deux «cornes» et à l'avant, il forme une saillie que l'on appelle communément la **pomme d'Adam**. Chez certaines personnes, la pomme d'Adam se voit particulièrement bien.

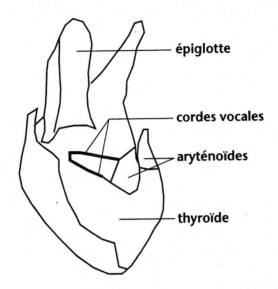

Figure 4.2 Le larynx

Dans la partie postérieure du larynx se trouvent les **aryténoïdes**, deux petits cartilages en forme de triangles.

Un autre cartilage qu'il ne faut pas manquer de mentionner est l'**épiglotte**. Comparable à une petite «langue» cartilagineuse, l'épiglotte ouvre ou ferme le larynx. Quand on parle, l'épiglotte est relevée pour laisser passer l'air. Quand on mange, elle s'abaisse afin que de la nourriture ne pénètre pas dans le larynx. Si cela se produisait, on se mettrait spontanément à tousser pour éviter de s'étouffer.

Les cordes vocales

Le larynx protège les **cordes vocales**. Celles-ci sont des bandes de tissus élastiques qui sont attachées, à l'avant, au thyroïde, et, à l'arrière, aux aryténoïdes.

Les cordes vocales s'ouvrent et se ferment. Les cordes vocales s'écartent sous l'effet de la pression de l'air qui arrive des poumons par la trachée (pression sous-glottique). Ces mouvements d'ouverture et de fermeture sont rendus possibles par l'action des cartilages du larynx qui sont activés par des muscles. Les aryténoïdes jouent un rôle particulièrement important dans les mouvements des cordes vocales.

Les cordes vocales s'ouvrent et se ferment à un rythme plus ou moins rapide. Le mouvement d'ouverture-fermeture s'appelle un cycle. Du nombre de cycles dépend en partie le **timbre de la voix** d'une personne. Dans le cas d'un nouveau né qui crie, les cordes vocales effectuent 400 cycles par seconde. Chez un homme adulte, dont la voix est grave, les cordes vocales bougent à une moyenne de 120 cycles par seconde. Chez une femme adulte, à la voix aiguë, elles effectuent en moyenne 220 cycles par seconde.

L'espace entre les cordes vocales s'appelle la **glotte**. Quand on respire, la glotte est toujours ouverte car elle ne doit pas faire obstacle au passage de l'air. Quand on parle, la glotte peut être fermée ou ouverte (voir figure 4.3).

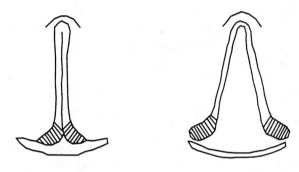

Figure 4.3 Glotte fermée et glotte ouverte

Quand la glotte est fermée, les cordes vocales sont accolées sur toute leur longueur. Sous l'effet de la pression sous-glottique, les cordes vocales vont s'écarter et revenir en contact. Ce faisant, les cordes vocales se mettent à vibrer, un peu comme le ferait une corde de guitare que l'on aurait tendue puis relâchée. Ces vibrations constituent le **voisement** qui caractérise les sons dits **voisés** ou **sonores**.

✍ **UN PEU DE TERMINOLOGIE**

Les termes «voisé» et «voisement» sont formés à partir du mot «voix».

Les **voyelles** sont toujours produites avec vibrations. Elles sont donc **toujours** voisées. Par contre, les consonnes ne sont pas toutes voisées.

Les voyelles et les consonnes voisées diffèrent par l'accolement et la tension des cordes vocales. Pour les consonnes, les cordes vocales sont moins tendues et moins accolées que pour les voyelles.

4.3 LES CAVITÉS SUPRA-GLOTTIQUES

Après être sorti du larynx, l'air circule par les **cavités supra-glottiques** qui sont les cavités **pharyngale, nasale** et **buccale**. Celles-ci jouent le rôle de résonateurs car elles amplifient l'onde sonore. C'est pourquoi on les appelle aussi **résonateurs supra-glottiques**.

La **cavité pharyngale** ou **pharynx** désigne la cavité communément appelée la gorge. Le volume de cette cavité peut se modifier légèrement par suite des mouvements du larynx qui peut se déplacer de haut en bas ou d'arrière en avant.

L'air passe dans la **cavité nasale** lorsque la **luette** (ou **uvule**) s'abaisse. Cette cavité s'étend du haut du pharynx aux narines. Le passage de l'air dans la cavité nasale génère des vibrations qui produisent un son dit **nasal**. En français, on compte des voyelles et des consonnes nasales.

La **cavité buccale** est communément appelée la bouche. Limitée en haut par le **palais** et en bas par la **langue**, la bouche contient des organes importants pour l'articulation des sons de parole.

Comme on le verra dans les chapitres suivants, des organes comme, notamment, la **langue**, les **mâchoires**, les **lèvres** jouent un rôle important dans l'articulation des voyelles et des consonnes françaises.

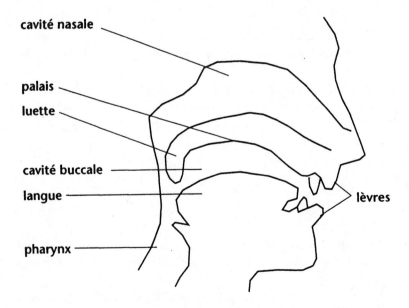

Figure 4.4 Les cavités supra-glottiques

EXERCICES

1. Indiquez si les affirmations suivantes sont vraies (V) ou fausses (F).

a. La glotte est fermée pendant la respiration.   _____

b. A l'expiration, le diaphragme s'élève.   _____

c. Le pharynx protège les cordes vocales.   _____

d. Toutes les consonnes françaises sont voisées.   _____

e. En français, les sons sont produits pendant l'expiration en situation normale de production.   _____

2. Un peu de terminologie... Complétez les blancs par les mots suivants: laryngoscope - trachéite - pharyngite - laryngé - sous-glottique.

a. L'inflammation de la gorge s'appelle une   _____.

b. On examine le larynx avec un   _____

c. Une inflammation de la trachée est une   _____

d. Une infection du larynx est une infection   _____

e. La trachée artère est un organe   _____

3. Décrivez une différence importante entre l'articulation des voyelles et celle des consonnes.

4. Pourquoi peut-on dire qu'aucun des organes de la phonation n'est spécifique à la production des sons?

5. Complétez avec le terme adéquat.

a. Le larynx est fait de _____ .

b. L'_____ ouvre et ferme le larynx.

c. L'air arrive aux poumons par la _____ .

d. La gorge est aussi appelée _____ .

e. La _____ nasale agit comme un _____ .

6. Donnez le genre (féminin/masculin) des mots suivants.

a. mâchoire

b. palais

c. diaphragme

d. aryténoïde

e. thyroïde

CHAPITRE 5

CARACTÉRISTIQUES ARTICULATOIRES DES VOYELLES

Le système vocalique du français comprend seize phonèmes vocaliques: douze voyelles orales et quatre voyelles nasales. La production des phonèmes vocaliques se caractérise par un écoulement libre de l'air à travers l'appareil phonatoire, lequel s'accompagne d'une vibration périodique des cordes vocales. Les voyelles étant toutes voisées, leur diversité articulatoire dépendra essentiellement de la configuration des résonateurs supraglottiques. Dans ce chapitre, nous décrirons le rôle des organes supraglottiques dans la définition articulatoire des voyelles du français.

5.1 LES PRINCIPAUX ARTICULATEURS DANS LA PRODUCTION DES VOYELLES

La langue

La langue peut, grâce à l'action de muscles, effectuer des mouvements antéro-postérieurs dans la cavité buccale. Ainsi, pour la voyelle /i/ («si», «ville»..), la langue se déplacera vers l'avant de la bouche alors qu'elle se massera dans la partie postérieure de la bouche dans le cas de la réalisation de /u/ («pou», «vous»..).

PRATIQUE 1

Prononcez la séquence /i – u/ plusieurs fois de suite. Sentez-vous le déplacement avant - arrière de la langue ?

En outre, la langue peut monter et descendre dans la cavité buccale. Elle s'élèvera lors de la production de la voyelle /i/ et s'abaissera pour /a/ («chat», «va»..).

Les mouvements avant-arrière et haut-bas se combinent. Par exemple, pendant la production de la voyelle /i/, la langue s'élève dans la partie antérieure de la bouche. Par contre, dans le cas du son /ɑ/

(«gâteau», «mâle..»), la masse de la langue s'abaisse tout en se retirant vers l'arrière de la bouche.

La luette

Situé en arrière du palais dur, le palais mou, souvent qualifié de **voile du palais**, est prolongé par une sorte d'appendice appelé la **luette** ou l'**uvule**. La luette a la particularité d'être mobile: elle peut s'abaisser ou se relever. En respiration normale, la luette est abaissée afin de laisser passer l'air inspiré ou expiré par le nez. Dans le cas de la production des voyelles, la luette va intervenir pour définir le caractère oral ou nasal de la voyelle. En effet, pendant la production d'une voyelle orale comme /a/ ou /i/, la luette se relève et empêche l'air de pénétrer dans la cavité nasale. Par contre, la luette est toujours abaissée pour l'articulation d'une voyelle nasale comme /ɑ̃/ («vent», «mange»..): une partie de l'air s'écoule alors par la cavité nasale, générant ainsi des vibrations.

PRATIQUE 2

Prononcez le son /ɑ̃/ pendant plusieurs secondes sans vous arrêter. Percevez-vous les vibrations générées dans la cavité nasale?

Les lèvres

Aidées par les muscles faciaux et les mâchoires, les lèvres peuvent se rapprocher ou s'éloigner, s'étirer, s'arrondir. Ces mouvements ne sont pas spécifiques à l'articulation des voyelles. En effet, quand on sourit, les lèvres sont étirées et quand on siffle, elles sont arrondies.

    La position des lèvres est un critère de classification particulièrement important pour les phonèmes vocaliques du français. Par exemple, les voyelles /i/ et /y/ se distingueront l'une de l'autre par la position des lèvres qui seront étirées pour /i/ et arrondies pour /y/ («lu», «nu»..).

PRATIQUE 3

Prononcez plusieurs fois la séquence /i/ /u/ /a/.

Décrivez la position des lèvres pour chaque voyelle. Pour vous aider, faites cet exercice devant un miroir.

5.2 CLASSIFICATION ARTICULATOIRE DES VOYELLES DU FRANÇAIS

Critères principaux de classification

La classification articulatoire des voyelles repose sur quelques critères physiologiques que la lecture du paragraphe précédent vous aura probablement suggérés. En effet, les voyelles peuvent être classées en fonction de trois critères que nous choisirons de traiter dans l'ordre suivant:
- la position de la luette
- la position de la langue
- la position des lèvres

La position de la luette

Nous avons déjà mentionné le fait que la luette, prolongement du palais mou, pouvait se relever ou s'abaisser afin de bloquer ou permettre le passage de l'air expiré dans la cavité nasale. En fait, la position de la luette constitue un critère important dans la définition du **mode d'articulation** (oral/nasal) des voyelles mais aussi des consonnes (voir chapitre 6).

Quand la luette est relevée, l'air est expiré uniquement par la bouche et les sons vocaliques ainsi articulés sont appelés voyelles **orales**. La plupart des voyelles du français sont orales. Il n'y a, en effet, que quatre phonèmes vocaliques **nasaux** en français. Leur production est caractérisée par un abaissement de la luette et un écoulement de l'air expiré par les cavités nasale et buccale. Les voyelles **nasales** du français sont /ɛ̃/ («pin», «brin»..), /œ̃/ («un», «brun»..), /ɔ̃/ («pont», «mon»..) et /ɑ̃/ («vent» «maman»..).

La position de la langue

Vous savez maintenant que la langue effectue des mouvements d'avant en arrière et de haut en bas.

La position de la langue sur l'axe antéro-postérieur permet de définir les voyelles en fonction de leur **zone d'articulation**.

D'une part, les voyelles articulées avec la langue massée à l'avant de la bouche sont dites **antérieures**. Dans cette catégorie, on compte huit voyelles orales /i/ («si»), /e/ («thé»), /ɛ/ («père»), /a/(«chat»), /y/ («bu»), /ø/ («feu»), /œ/ («peur»), /ə/ («petit») et deux nasales /ɛ̃/ («pin»), /œ̃/ («un»). Les voyelles /y,ø,œ,ə/ sont quelquefois qualifiées de **médianes**.

Par ailleurs, on parle de voyelles **postérieures** lorsque celles-ci sont articulées avec la masse de la langue dans la partie postérieure de la bouche. Le français compte six vocoïdes postérieures: /u/ («pour»), /o/ («chaud»), /ɔ/ («fort»), et /ɑ/ («pâte») sont orales; /ɔ̃/ («pont») et /ɑ̃/ («vent») sont nasales.

✍ **UN PEU DE TERMINOLOGIE** .....

Dans l'adjectif **antérieur** on retrouve le mot latin **ante** qui veut dire «avant».

Le mot **postérieur** est formé sur **post**, un autre vocable latin qui veut dire «après» ou «derrière».

Pour sa part, le degré d'élévation de la langue sur l'axe haut - bas permet de déterminer l'**aperture** des voyelles. Le degré d'aperture réfère à la **distance qui sépare le palais de la partie la plus élevée de la langue.** Notez que de nombreux auteurs utilisent le terme ouverture pour référer à l'aperture.

Les voyelles sont traditionnellement classées par rapport à quatre degrés d'aperture : fermé (/i,y,u/), mi-fermé (/e,ø,o/), mi-ouvert (/ɛ,ɛ̃,œ,œ̃,ɔ,ɔ̃,ə/), ouvert (/a,ɑ,ɑ̃/)

PRATIQUE 4

Prononcez lentement la séquence vocalique suivante: /i/ /e/ /ɛ/ /a/. Notez-vous le mouvement de la langue vers le bas?

La position des lèvres

La position des lèvres nous permet de distinguer les voyelles **arrondies** des voyelles **non arrondies**.

Les voyelles dites arrondies sont produites avec un arrondissement plus ou moins marqué des lèvres. Ce mouvement s'accompagne d'une projection des lèvres en avant, projection plus notable pour les voyelles /u,y,o,ɔ,ɔ̃/ et plus légère pour /ø,œ,œ̃,ɑ,ɑ̃/.

Les voyelles non arrondies comprennent les sons produits avec un étirement des lèvres vers l'extérieur. Ces voyelles dites **étirées** ou **écartées** sont /i,e,ɛ,ɛ̃,a/. Pour /ə/, les lèvres sont en position neutre, à savoir ni arrondies ni étirées.

PRATIQUE 5

Étirez les lèvres pour prononcer /i/. Puis arrondissez les lèvres pour réaliser /o/. Faites cet exercice plusieurs fois de suite.

5.3 LE TRAPÈZE VOCALIQUE

Le système vocalique du français est traditionnellement schématisé sous la forme d'un **trapèze vocalique** (Figure 5.1). Ce n'est pas la seule représentation jamais proposée mais c'est celle que nous avons décidé d'utiliser dans ce chapitre.

Le trapèze vocalique est censé représenter la bouche en coupe transversale. Le côté gauche du trapèze représente l'avant de la bouche. Les différents niveaux indiquent les degrés d'élévation de la langue. Vous remarquerez probablement que les voyelles sont présentées de façon légèrement oblique: cette disposition est supposée schématiser, pour les voyelles antérieures, le léger mouvement de recul de la langue et, pour les voyelles postérieures, l'éloignement progressif du dos de la langue par rapport à la paroi pharyngale. Remarquez bien que la langue est massée légèrement plus en arrière pour la voyelle /o/ que pour les autres voyelles postérieures.

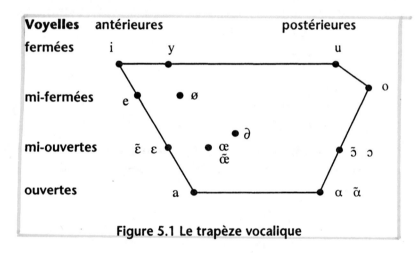

Figure 5.1 Le trapèze vocalique

EXERCICES

1. Lisez, à haute voix, les mots transcrits.

a. /pyl/   b. /pil/   c. /pul/
d. /bal/   e. /bul/   f. /byl/
g. /lin/   h. /lɛn/   i. /le/

2. Associez chaque transcription phonologique (colonne de droite) à une représentation orthographique (colonne de gauche).

a. mule   1. /mul/
b. mal   2. /myl/
c. mille   3. /mɔl/
d. moule   4. /mil/
e. molle   5. /mal/

3. Indiquez la voyelle qui correspond à chaque description articulatoire donnée.

a. voyelle antérieure, fermée, orale, étirée   _____
b. voyelle postérieure, mi-ouverte, nasale   _____
c. voyelle nasale, ouverte   _____
d. voyelle postérieure, fermée, arrondie   _____
e. voyelle antérieure, mi-fermée, étirée   _____

4. Transcrivez le phonème vocalique qui correspond aux voyelles (en caractères gras) des mots suivants.

a. île _____   f. blé _____
b. pure _____   g. mère _____
c. goût _____   h. gym[1] _____
d. feu _____   i. mûre _____
e. main _____   j. naïf _____

5. Chacun des mots transcrits peut être orthographié de deux façons différentes. Trouvez les deux graphies correspondantes.

a. /u/   _____   _____
b. /pɛ/   _____   _____
c. /mɛR/ _____   _____
d. /so/   _____   _____
e. /su/   _____   _____

6. Trouvez quatre mots où le son /ø/ correspond à la graphie «oeu».

a. _____   c. _____
b. _____   d. _____

7. Trouvez quatre façons d'écrire la voyelle /i/.

a. _____   c. _____
b. _____   d. _____

---

1. Abréviation couramment utilisée du mot «gymnastique».

CHAPITRE 6

CARACTÉRISTIQUES ARTICULATOIRES DES CONSONNES

Contrairement aux voyelles pendant l'articulation desquelles l'air circule librement, les consonnes sont produites avec blocage ou resserrement du passage de l'air expiré. Les consonnes sont donc constituées de bruit. D'autres différences existent entre les voyelles et les consonnes. D'un point de vue général, on peut dire que les consonnes sont articulatoirement des sons plus complexes que les voyelles. Dans ce chapitre, il sera question de l'articulation des consonnes et de ses particularités.

6.1 LES PRINCIPAUX ARTICULATEURS DANS LA PRODUCTION DES CONSONNES

Les cordes vocales

Comme on l'a vu précédemment (voir chapitre 4), les cordes vocales peuvent s'écarter ou s'accoler. Dans le cas des voyelles qui sont toutes des sons voisés, les cordes vocales sont toujours accolées. Cependant, pendant la production des consonnes, la glotte peut être fermée ou ouverte.

La langue

La langue est, on le sait, un organe très mobile. Pour les consonnes comme pour les voyelles, les mouvements de la langue dans la cavité buccale sont importants car la configuration et le volume du conduit vocal en dépendent. Pour le cas des consonnes, la langue contribue à bloquer l'air expiré ou à le forcer dans un passage étroit.

La luette

Pour les consonnes comme pour les voyelles, la luette peut s'abaisser ou se relever pendant la production du son. Si la luette s'abaisse, une partie de l'air passe par la cavité nasale, générant ainsi une résonance caractéristique des sons nasaux. Par contre, si le palais mou se relève, l'air passera seulement par la cavité buccale et la consonne produite sera orale.

Les lèvres

Les mouvements des lèvres sont également importants dans l'articulation des consonnes. Les lèvres, on l'a vu, peuvent s'arrondir, s'étirer ou s'accoler. Dans le cas des voyelles, la position des lèvres permet de distinguer entre voyelles arrondies et non arrondies. Dans le cas des consonnes, les lèvres, comme la langue, peuvent contribuer à entraver le passage de l'air expiré pendant la production du son consonantique. En outre, pour les semi-consonnes, l'arrondissement des lèvres caractérise l'articulation de /w/ et /ɥ/ et permet de distinguer entre /j/ et /ɥ/.

6.2 CRITÈRES ARTICULATOIRES DE CLASSIFICATION DES CONSONNES

Critères principaux de classification

Les considérations précédentes vous auront probablement donné une idée de la diversité des mouvements articulatoires impliqués dans la production des consonnes. Ceux-ci contribuent à la définition de deux critères principaux de classification pour les consonnes, à savoir le **mode d'articulation** et la **zone d'articulation**.

Le mode d'articulation des consonnes

Le mode d'articulation réfère au passage de l'air expiré dans l'appareil phonatoire. Comme il a déjà été dit, dans le cas des consonnes, l'air ne peut pas circuler librement car il rencontre des obstacles aux niveaux des cordes vocales et des cavités supraglottiques. Par son mode articulatoire, la consonne peut être voisée ou sourde, orale ou nasale, occlusive ou constrictive.

Considérons tout d'abord la distinction entre consonnes **voisées** et consonnes **sourdes**. Pendant la production des consonnes, la glotte peut être fermée ou ouverte. Quand la glotte est fermée, l'air expiré exerce une pression qui écarte les cordes vocales alors accolées et les fait vibrer. Les consonnes produites avec vibrations des cordes vocales sont qualifiées de **consonnes voisées ou sonores**. Quand la glotte est ouverte, l'air expiré passe sans provoquer de vibrations des cordes vocales. Les consonnes ainsi produites sont des **consonnes non voisées** ou **sourdes**.

PRATIQUE 1

Mettez la main sur votre cou au niveau du larynx. Prononcez /k/ («koala») puis /g/ («garage») plusieurs fois de suite.

Percevez-vous la différence entre /k/ et /g/?

Quand l'air parvient aux cavités supraglottiques, la luette peut être abaissée ou relevée. Si la position de la luette permet à l'air de passer par la cavité nasale, la consonne sera produite avec une résonance particulière des sons nasaux. Le français compte les consonnes **nasales** /n/ («**pane**»), /m/ («**manteau**») et /ɲ/(«**montagne**»).

PRATIQUE 2

Prononcez la consonne nasale /m/ («**mal**») pendant plusieurs secondes (/mmmmmmm/).

Percevez-vous les vibrations générées dans la cavité nasale?

A l'exception de ces **trois** sons, toutes les autres consonnes du français sont **orales**. Pour celles-ci donc, l'air expiré passe entièrement par la cavité buccale.

Considérons maintenant la distinction qui est faite entre consonnes **occlusives** et consonnes **constrictives**.

Pendant la production des consonnes, l'air peut être bloqué à un point de la cavité buccale ou il peut continuer de s'écouler dans un passage étroit. Dans le premier cas, on dira qu'il y a **occlusion** et que la consonne produite est **occlusive**. Dans le deuxième cas, on parlera de **constriction** et de consonne **constrictive**.

✍ DEUX TERMES IMPORTANTS..

OCCLUSION: fermeture complète à un point du conduit vocal. L'air est bloqué puis relâché.

CONSTRICTION: resserrement du passage de l'air à un point du conduit vocal. L'air continue de s'écouler mais il est forcé dans un conduit étroit.

Pour comprendre la différence entre une occlusion et une constriction, prononcez les sons /p/ («**patte**») et [t] («**temps**»). Vous avez probablement senti que, pour ces deux consonnes, l'air est bloqué soit par les deux lèvres (cas de /p/) soit par la langue qui arrête l'air derrière les dents supérieures dans la région alvéolaire (cas de /t/).

PRATIQUE 3

Une occlusive est produite avec un relâchement d'air brusque comparable à une bouffée d'air.

Pour vous en rendre compte, prononcez /p/ et /t/ en tenant la paume de votre main assez près de votre bouche.

Par contre, si vous prononcez le son /s/ («souci») ou le son /ʃ/ («Charlotte»), vous prendrez certainement conscience du fait que l'air ne rencontre aucun obstacle: il continue de s'écouler en produisant un bruit qui rappelle un frottement ou un sifflement.

Le système consonantique du français compte les neuf occlusives suivantes:

/p/ («patte») - /b/ («beau»)
/t/ («temps») - /d/ («dent»)
/k/ («koala») - /g/ («gala»)
/m/ («mur») - /n/ («note»)
/ɲ/ («montagne»)

✍ REMARQUEZ BIEN...

Les consonnes /m/, /n/ et /ɲ/ sont toutes les trois **occlusives, voisées** et **nasales**.

Les consonnes constrictives du français sont au nombre de onze. On compte:

/f/ («fête») - /v/ («veau»)
/s/ («sale») - /z/ («zoo»)
/ʃ/ («chat») - /ʒ/ («jeu»)
/l/ («lit») - /R/ («rue»)

PRATIQUE 4

Posez votre main sur votre cou au niveau du larynx et prononcez les consonnes /p/ /k/ /ʃ/ /g/ /l/ /v/.

Lesquelles de ces consonnes sont produites avec vibrations des cordes vocales?

Parmi les constrictives, on compte trois sons appelés **semi-consonnes** ou **semi-voyelles** dont on parlera en détails au chapitre 9. Ces sons correspondent aux symboles /ɥ/ («**lui**»), /w/ («**Louis**») et /j/ («**lion**»).

Les semi-consonnes ont comme particularité de partager les caractéristiques des voyelles et des consonnes. Elles rappellent les voyelles par leur sonorité (les trois semi-consonnes sont voisées) et les consonnes par le fait qu'elles sont réalisées avec une constriction du conduit vocal. De plus, les lèvres jouent un rôle important dans leur articulation : /w/ et /ɥ/ sont arrondies alors que /j/ est étirée.

La zone d'articulation des consonnes

La **zone d'articulation** encore appelée **lieu** ou **point** d'articulation est déterminée par l'endroit du conduit vocal où se fait l'occlusion ou la constriction. La consonne /p/, par exemple, est dite bilabiale car l'air est arrêté par les deux lèvres.

On parlera de consonnes **bilabiales**, dans le cas des consonnes où l'occlusion est réalisée par les deux lèvres (exemple: /p/ /b/ /m/).

Les consonnes /s/ et /z/ sont dites **alvéolaires** car la constriction se produit derrière les dents supérieures dans la région alvéolaire.

✍ REMARQUEZ BIEN...

Certaines zones d'articulation consonantique sont définies comme apico-dentales ou apico-alvéolaires. Le terme **api-co-** vient du mot apex. L'**apex** de la langue est la pointe de la langue. Elle joue un rôle actif dans l'articulation des consonnes.

Le tableau suivant (Tableau 6.1) vous indique les zones d'articulation des consonnes et des semi-consonnes du français. Le tableau indique également les modes d'articulation.

ZONES D'ARTICULATION

MODES D'ARTICULATION		Bi-labiales	Labio-dentales	Apico-dentales	Alvéolaires	Palatales	Médio-palatale	Vélaires	Uvulaire
Occlusives									
Sourdes		p		t				k	
sonores	orales	b		d				g	
	nasales	m		n			ɲ		
Constrictives									
Sourdes			f		s	ʃ			
Sonores			v		z	ʒ			
							j ɥ	w	
					l				R

Tableau 6.1 Modes et zones d'articulation des phonèmes
consonantiques du français

Un mot sur les réalisations phonétiques de /R/

Pour simplifier la question de la prononciation du «r», nous dirons
qu'il existe au moins trois réalisations phonétiques de ce phonème.
Celles-ci correspondent à des consonnes constrictives orales qui se
distinguent par leur zone d'articulation.

La consonne [r] est apico-alvéolaire donc articulée avec la pointe de
la langue rapprochée des alvéoles. Le [R] du français standard est
uvulaire, le dos de la langue s'élevant vers l'uvule. Enfin le [ʁ]
grasseyé est souvent qualifié de «r» parisien.

La consonne /l/

La consonne /l/ est souvent qualifiée de consonne **latérale** car pendant
sa production, les bords de la langue sont abaissés, laissant passer l'air
par les côtés. La consonne /l/ peut être articulée avec la pointe de la
langue appuyée contre les dents supérieures ou les alvéoles. Elle est
donc apico-dentale ou apico-alvéolaire.

EXERCICES

1. Prononcez les mots transcrits suivants.

  a. /plat/   b. /Rate/   c. /dɔn/
  d. /kRø/   e. /tabl/   f. /ble/

2. Transcrivez le ou les phonème (s) consonantique(s) correspondant à chaque description articulatoire donnée.

a. occlusive, nasale, médio-palatale _____

b. constrictive, voisée, labio-dentale _____

c. constrictive, sourde, alvéolaire _____

d. occlusive, voisée, vélaire _____

e. constrictive, vélaire _____

3. Transcrivez le phonème consonantique qui correspond à la graphie en caractères gras.

a. majorité _____

b. candidat _____

c. citoyen _____

d. président _____

e. élection _____

4. Trouvez le mot dans lequel la graphie «th» ne se transcrit pas /t/.

a. asthme   b. thorax   c. athé   d. théologie   e. thyroïde

5. Chacun des mots transcrits correspond à deux formes où la consonne peut être orthographiée de deux façons différentes. Trouvez les deux graphies correspondantes.

a. /tɔ̃/ _____   _____

b. /vagɔ̃/ _____   _____

c. /sit/ _____   _____

d. /sɑ̃/ _____   _____

e. /kaʀ/ _____   _____

6. Trouvez le mot dans lequel la lettre «x» ne se transcrit pas /gz/.

a. examen   b. Xavier   c. exonérer   d. taxi   e. hexagone

7. Dites si la consonne en caractères gras se prononce ou ne se prononce pas.

a. sculpter _____

b. croc _____

c. tact _____

d. psychologue _____

e. septième _____

8. Donnez une transcription phonologique des mots suivants.

a. exemple   _____

b. photo   _____

c. maths   _____

d. soixante   _____

e. Égypte   _____

9. Trouvez les graphies correspondant au phonème /f/.

CHAPITRE 7

LES VOYELLES À DOUBLE TIMBRE

Le système vocalique du français comporte six voyelles orales qui sont produites avec une ouverture intermédiaire. Il s'agit des voyelles /e,ɛ,o,ɔ,ø,œ/ que l'on appelle généralement "voyelles moyennes". Ces voyelles étant souvent présentées en paires (/e,ɛ /;/o,ɔ/; /ø,œ/), elles sont aussi dites "voyelles à double timbre".

7.1 LES VOYELLES À DOUBLE TIMBRE EN POSITION ACCENTUÉE

La loi de position

Le comportement des voyelles à double timbre en syllabe accentuée peut être décrit par une règle appelée **loi de position**. Selon cette règle, les voyelles mi-fermées /e,o,ø/ doivent apparaître en syllabe ouverte accentuée alors que les voyelles mi-ouvertes /ɛ,ɔ,œ/ doivent se trouver en syllabe fermée accentuée. Pour simplifier, on parlera de voyelles fermées (/e,o,ø/) et de voyelles ouvertes (/ɛ,ɔ,œ/).

On pourrait représenter la dite loi de position de la façon suivante:

Syllabe ouverte	/e/	/o/	/ø/
	ex: thé	ex: pot	ex: feu
	/te/	/po/	/fø/
Syllabe fermée	/ɛ/	/ɔ/	/œ/
	ex: père	ex: port	ex: beurre
	/pɛR/	/pɔR/	/bœR/

La loi de position spécifie que l'apparition des voyelles dépend du contexte syllabique et que les unités n'apparaissent pas dans le même contexte. C'est pourquoi on parle aussi de loi **de la distribution complémentaire**.

PRATIQUE 1

Appliquez la loi de position pour déterminer le timbre des voyelles des mots suivants: «terre», «les», «force», «meurt», «beau», «bleu».

Les exceptions à la loi de position

La loi compte des exceptions qui s'expliquent par des raisons étymologiques, orthographiques et sémantiques. On peut, en effet, trouver trois cas d'exceptions à la loi de position. Ils se manifestent par la présence de la voyelle /ɛ/ en syllabe ouverte tonique et des voyelles /o/ et /ø/ en syllabe fermée accentuée.

✍ NOTEZ BIEN...

Les trois cas de réalisations vocaliques suivantes sont des exceptions à la loi de position:

/ɛ/ en syllabe ouverte accentuée

/o/ en syllabe fermée accentuée

/ø/ en syllabe fermée accentuée

La réalisation /ɛ/ en syllabe ouverte accentuée

D'une façon générale, la représentation orthographique de la voyelle peut aider à déterminer s'il s'agit du son /e/ ou du son /ɛ/ (Voir tableau 7.1)

On prononce /e/ quand le mot se termine par la graphie[1]:	On prononce /ɛ/ quand le mot se termine par la graphie:
– é ou -ée ex: blé, allé, fée,	– è, ê + consonne non prononcée ex: forêt, après, intérêt,
– e + r,z, d, f (consonne non prononcée) ex: clocher, nez, pied, clef	- e + consonne(s) non prononcée(s) autre(s) que r, z, d et f ex: es, est, mets, bonnet, valet, aspect, suspect,
– ai (dans les terminaisons verbales) ex: j'ai, j'aurai, je parlai	– ai, aî + e ou consonne(s) non prononcée(s): ais, aie(s), aient, ait(s), aid(s), aix, ex: lait, laid, gaie, frais, paix, plaît, baie
– ai (dans quelques noms et adjectifs) ex: quai, gai	– ai (dans la plupart des noms et dans quelques rares adjectifs) ex: balai, délai, geai, vrai, bai
	– ey , - ay ex: bey, Velay, Épernay

Tableau 7.1 Prononciation /e/ ou /ɛ/ en syllabe ouverte accentuée en fonction de la graphie

En français standard, l'opposition /e/ et /ɛ/ en syllabe finale ouverte peut servir à marquer une distinction de sens. Cette opposition est illustrée par de nombreuses paires minimales (Voir tableau 7.2).

---

1. Pour les substantifs et adjectifs, la forme pluriel se prononcera comme la forme singulier: la prononciation /fe/ correspond à «fée» ou à «fées» tandis que «prêt» ou «prêts» devront se prononcer /pRɛ/.

/e/	/ɛ/
blé	blet
les	lait
crée	craie
thé	taie
buvai	buvais
manger	mangeais

**Tableau 7.2 Quelques paires minimales illustrant la distinction
/e/ /ɛ/ en syllabe finale ouverte**

Comme l'indiquent ces exemples, l'opposition de sens s'accompagne aussi d'une différence de graphie. Notons par ailleurs que certaines graphies correspondent à des prononciations différentes. C'est le cas de «ai» qui peut se prononcer /ɛ/ sauf dans les terminaisons verbales et dans les mots gai et quai où il correspond à /e/.

PRATIQUE 2

Retrouvez l'orthographe des mots transcrits : /valɛ/, /pRe/,
/fɛ/, /ale/ , /epɛ/.

La réalisation /o/ en syllabe fermée accentuée

Le son /o/ correspond aux graphies «au» ou «eau», «ô», «eô», «aô».
Les terminaisons -ome, -one et -osse se prononcent aussi /o/ dans un petit échantillon de mots. (Voir tableau 7.3).

La prononciation /o/ en syllabe fermée accentuée s'explique par l'étymologie du mot. Dans le cas des graphies «au», «eau», «eô» et «aô», le son /o/ résulte de la contraction de plusieurs sons. En effet, l'ancien français comptait des diphtongues et même des triphtongues qui ont commencé à se simplifier en moyen français (14ème-16ème siècle). Ainsi le mot «aube» (du latin «alba») s'est prononcé /aub/ puis /aob/ avant que la diphtongue ne se réduise en /o/. La graphie continue cependant de refléter l'état ancien du système vocalique de la langue. Par ailleurs, dans le cas de la voyelle orthographiée «ô», la prononciation /o/ résulte de la disparition d'un /s/, présent en ancien français, qui s'est d'ailleurs maintenu dans d'autres langues romanes comme l'italien. Ainsi le mot latin «costa» («coste» en ancien français) a donné «côte» /kot/ en français et «costa» /kɔsta/ en italien.

Graphies	Exemples
au, eau	gauche, haute, Beauce, heaume,...
ô	côte, drôle,hôte, pôle...
eô, aô	geôle, Saône, ...
ome	idiome, axiome, chrome, atome, gnome, fibrome...
one	cyclone, zone
osse	fosse, grosse, endosse
osne osge[2]	Vosges, crosne..

Tableau 7.3 Représentations graphiques de la voyelle /o/ en syllabe fermée accentuée

Dans un cas particulier cependant, la prononciation /o/ résulte de l'influence du contexte phonétique. En effet, si la syllabe est fermée par le son consonantique /z/, la voyelle se réalise /o/ (ex: «rose» /Roz/; «chose» /ʃoz/).

En français standard, l'opposition /o/ et /ɔ/ en syllabe fermée peut avoir une fonction distinctive. De nombreuses paires minimales illustrent cette opposition en français (Tableau 7.4).

/o/	/ɔ/
nôtre	notre
côte	cote
paume	pomme
heaume	homme
saule	sol
rauque	roc
hausse	os

Tableau 7.4 Quelques paires minimales illustrant la distinction /o/ /ɔ/ en syllabe fermée finale

---

2. Dans ces terminaisons, la consonne /s/ est muette.

PRATIQUE 3

Décidez, en fonction du contexte de la phrase, si le son correspondant à la voyelle non orthographiée est /o/ ou /ɔ/:

La p/_ /me de la main.

N/_ /tre p/_ /vre ami.

La c/_ /te de boeuf.

La réalisation /ø/ en syllabe accentuée fermée

La norme du français standard prescrit la prononciation /ø/ en syllabe fermée accentuée pour un petit groupe de mots. A l'exception du cas de la graphie «eû» (ex: «jeûne» /ʒøn/), l'orthographe n'est pas un bon indicateur de la prononciation. En effet, beaucoup de voyelles qui se prononcent /ø/ en syllabe fermée s'écrivent «eu», ce qui, en apparence, ne les distingue pas des autres voyelles qui se prononcent /œ/. Par exemple, le «eu» se prononcera /ø/ dans «meute» mais /œ/ dans «seule».

Ceci dit, la prononciation /ø/ est prescrite dans les syllabes fermées par /t/ ou /tR/ comme dans les mots «meute» (/møt/), «émeute» (/emøt/), «neutre» (/nøtR/) et «feutre» (/føtR/). On trouve aussi la prononciation /ø/ dans quelques mots comme «beugle» (/bøgl/), «meugle» (/møgl/), «Maubeuge» (/mobøʒ/)... (Léon, 1966).

✍ NOTEZ BIEN...

On aura **toujours** /œ/ dans une syllabe accentuée fermée par /R/ /j/ /f/ /v/ /vR/ /pl/ /b/ /bl/ :

«heure» (/œR/); «oeil» (/œj/);

«neuf» (/nœf/); «oeuvre» (/œvR/) etc.

On trouve la voyelle /ø/ dans une syllabe fermée par la consonne /z/. Comme dans le cas des mots «rose» et «chose», c'est l'action fermante du /z/ qui explique la présence d'un /ø/ en syllabe fermée. Ainsi le suffixe «-euse» qui marque le féminin de certains substantifs et adjectifs se prononce /øz/ (ex: «creuse» /kRøz/; «chanteuse» /ʃãtøz/, etc).

L'opposition /ø/ /œ/ en syllabe fermée est restreinte à deux paires minimales : «jeûne» et «jeune» (/ʒøn/ /ʒœn/); «veule» et «veulent» (/vøl/ /vœl/).

Les exceptions face à la variation

Les prononciations qui font exception à la loi de position sont sujettes à un certain degré de variation. Certes, elles varient en fonction de l'origine régionale du locuteur. Par exemple, un Français du Sud de la France prononcera le substantif «lait» et l'article «les» de la même façon ([le]). De plus, ce même locuteur méridional réalisera, d'une part, «côte» et «cotte» avec un [ɔ] et, d'autre part, «jeûne» et «jeune» avec un [œ].

Même l'usage en français standardisé se révèle variable. Par exemple, en conversation spontanée, la prononciation /ɛ/ qui est préconisée en syllabe ouverte sous accent pour de nombreux mots, pourra se réaliser comme [e] ou comme un timbre intermédiaire entre le [ɛ] et le [e] (Voir études de Martinet et Walter, 1973; Malécot et Richman, 1976; Walter, 1977; etc). Cependant, plus la situation de communication est formelle, plus la réalisation [ɛ] est fréquente et plus l'opposition /e//ɛ/ en position finale est maintenue (Gueunier et al., 1978).

Par ailleurs, l'opposition /o/ /ɔ/ semble se maintenir nettement en syllabe fermée accentuée alors que l'opposition /ø/ /œ/ tend à disparaître dans une prononciation standardisée vu la rareté des paires minimales (Carton et al.,1983:77).

Que recommander donc à l'étudiant étranger dont l'objectif est d'acquérir une prononciation non marquée? Celui-ci devra savoir que les réalisations [e] ou [ɛ] en syllabe ouverte finale sont pareillement acceptables. Ainsi le mot «près» pourra être réalisé [pRe] ou [pRɛ]. Cependant, le non respect de l'opposition /o/ /ɔ/ en syllabe fermée finale n'est pas recommandable. Les prononciations [sɔt] pour «saute» (/sot/) ou [kɔt] pour «côte» (/kot/) seront perçues comme régionales. De même une réalisation [œ] dans une syllabe fermée par un /z/, un /t/ ou un /tR/ ne serait pas acceptable dans une prononciation non marquée. Par contre, on acceptera que quelques mots comme «beugle» et «meugle» soient prononcés avec [œ].

7.2 LES VOYELLES À DOUBLE TIMBRE EN POSITION NON ACCENTUÉE

Considérations préalables

Quand on considère le timbre des voyelles à double timbre en syllabe inaccentuée, il faut prendre en compte deux points importants: la **nature de la syllabe inaccentuée** et les **caractéristiques morphologiques du mot** dans lequel se trouve la syllabe atone.

La nature de la syllabe atone va, en effet, aider à déterminer le timbre de la voyelle. C'est pourquoi il est toujours utile d'effectuer un découpage syllabique du mot afin de décider si la syllabe atone est fermée ou ouverte.

PRATIQUE 4

Avant de continuer, soulignez la syllabe inaccentuée dans les transcriptions suivantes et indiquez si la syllabe est ouverte (SO) ou fermée (SF):

/RivjɛR/ («rivière»)

/mɛRvɛj/ («merveille»)

/pulɛ/ («poulet»)

/paRti/ («parti»)

La morphologie du mot a aussi de l'importance. Les mots peuvent être composés d'un seul morphème comme les mots «café», «oeuvre», «peuple», etc. D'autres mots, par contre, peuvent être constitués de deux ou plusieurs morphèmes: c'est le cas de «caféier» (/kafe/+/je/), «oeuvrer» (/œvR/ + /e/), «peuplade» (/pœpl/ + /ad/), etc. La plupart de ces mots appelés **mots dérivés** sont formés d'un suffixe qui vient s'ajouter au morphème de base: par exemple, dans «caféier» , /kafe/ («café») est la forme de base et /je/ («-ier») le suffixe.

L'adjonction d'un suffixe à un morphème de base va quelquefois affecter le contexte syllabique de la voyelle du mot de base. Prenons le mot «peuplade» dérivé de «peuple» où la voyelle tonique /œ/ se trouve dans une syllabe accentuée fermée. Dans «peuplade», elle sera en syllabe ouverte car le mot se découpera en deux syllabes (/pœ-plad/). Par contre, dans le mot «corps» et dans son dérivé «corsage», la voyelle /ɔ/ se trouve dans une syllabe fermée : /kɔR/ et /kɔR-saʒ/.

PRATIQUE 5

Faites le découpage syllabique des mots dérivés suivants :

/pɔmje/ («pommier» de «pomme»)

/vɛRdyR/ («verdure» de «vert»)

/kotje/ («côtier» de «côte»)

/fœjaʒ/ («feuillage» de «feuille»)

Le timbre des voyelles à double timbre en syllabe fermée

Ces considérations faites, on peut commencer à énoncer quelques principes qui permettront de déterminer le timbre des voyelles à double timbre en syllabe inaccentuée.

Le premier principe est simple: **en syllabe fermée, qu'il s'agisse d'un mot dérivé ou non dérivé, la voyelle atone sera ouverte**. En ce contexte donc, la loi de position s'applique: /nɛR-vø/ («nerveux» de «nerf»), /pɔR-tje/ («portier» de «porte»), /ɛk-sɛ/ («excès»), /vɔl-tiʒ/ («voltige» de «vol»), etc...

Notez bien que, dans certains cas, le découpage syllabique engendre deux possibilités. Reprenons l'exemple déjà mentionné (voir chapitre 2) du mot «esprit» où la syllabe inaccentuée peut être soit ouverte ([e-spRi]) soit fermée ([ɛs-pRi]), ce qui va affecter le timbre de la voyelle atone.

Le timbre des voyelles à double timbre en syllabe ouverte

En syllabe ouverte atone, la norme du français standard indique que l'on devrait avoir /e/, /ɔ/ et /ø/ dans les mots non dérivés comme /e-te/ («été»), /sɔ-lɛj/ («soleil») et /ʒø-di/ («jeudi»). Cependant la voyelle /ɛ/ est préconisée pour les graphies «err» (ex: «perroquet»; «terreur»..), «ai» (ex: «maison», «faisceau»..), «ei» (ex: meilleur», ..). De plus, la voyelle doit être /o/ si sa graphie est «au» («automne» /o-tɔn/) ou si elle est suivie du son /z/ («osier» /o-zje/).

Cependant, dans les mots dérivés, deux cas peuvent se produire: soit le timbre de la voyelle du morphème de base se maintient soit il est influencé par la voyelle accentuée. Dans le premier cas, on parlera d'un **phénomène d'analogie**. Ainsi, le mot «collier» pourra se prononcer [kɔ-lje] par analogie avec le mot d'origine «col» : la voyelle /ɔ/ se maintiendra donc dans le mot dérivé. Dans le deuxième cas, l'influence de la voyelle accentuée du mot sur la voyelle atone (donc la voyelle du morphème de base) s'appelle l'**harmonisation vocalique**. Ce phénomène combinatoire qui est détaillé plus loin (voir chapitre 10) expliquerait la prononciation [ko-lje] : dans ce cas, la voyelle /e/ ferme la voyelle inaccentuée /ɔ/. Le phénomène inverse pourrait aussi se produire : une voyelle atone fermée pourrait s'ouvrir sous l'influence de la voyelle accentuée ouverte. Prenons le mot «théière» dérivé du mot «thé» (/te/) qui pourra se réaliser [tɛ-jɛ:R].

Il est clair qu'en syllabe ouverte, plusieurs facteurs entrent en conflit: la nature de la syllabe, le phénomène d'analogie et l'influence de la voyelle accentuée. Ceci explique probablement la variabilité des réalisations inaccentuées des voyelles à double timbre en ce contexte syllabique. On ne pourrait donc pas écarter la possibilité de la voyelle fermée [o] dans le cas, par exemple, du mot «ensoleillé» ou encore la présence d'un [e] dans le mot «laisser» (Valdman, 1993:91,97,105). La tendance à la fermeture est d'ailleurs attestée par de nombreux ouvrages (voir, entre autres, Battye et Hintze,1992:116).

EXERCICES

1. **Trouvez l'unité qui pourrait former une paire minimale avec chaque mot donné.**
   a. côte   -   _____
   b. Paule   -   _____
   c. thé   -   _____
   d. épais   -   _____
   e. jeune   -   _____

2. **Indiquez le phonème vocalique qui correspond à la graphie en caractères gras.**
   a. b**ai**e   _____
   b. v**eu**lent   _____
   c. ar**ô**me   _____
   d. chant**eu**se   _____
   e. s**o**tte   _____

3. **Décidez, en fonction du contexte, si la voyelle non indiquée dans la transcription est /o/ ou /ɔ/.**
   a. Anne est si /s_ t/.
   b. Tous les soirs, elle /telef_n/ à son amie /R__z/.
   c. Je vois remuer les feuilles des /s_l/.
   d. /k_m/ elle est /b_n/ !
   e. La /R_b/ de Jeanne est /m_v/.

4. **Décidez, en fonction du contexte, si la voyelle non indiquée dans la transcription est /e/ ou /ɛ/.**
   a. J'/_/ laissé ma tasse de /t__/ sur le /byf_/.
   b. Les ours /_m/ les /b_/ sucrées.
   c. Chaque matin, il /pR∂n_/ son /kaf_/ au lit.
   d. As-tu vu le /minaR__/ d'Alger?
   e. Quelle /b_l/ /val_/ !!

5. Chacune des transcriptions suivantes correspond à une prononciation réelle. Pour chaque transcription, expliquez la prononciation de la voyelle en position inaccentuée.

   a. [døzjɛm]
   b. [tety]
   c. [sɔlɛj]
   d. [bɔ•Rde]
   e. [gRozɛj]

6. Chacun des mots transcrits peut être orthographié de deux façons différentes. Trouvez les deux graphies correspondantes.

   a. /fos/   _____   _____
   b. /pRɛ/   _____   _____
   c. /ale/   _____   _____
   d. /po/   _____   _____
   e. /kɔl/   _____   _____

CHAPITRE 8

AUTRES ASPECTS DU SYSTÈME VOCALIQUE DU FRANÇAIS

Ce chapitre sera consacré à deux autres aspects intéressants du système vocalique du français, à savoir les voyelles nasales et l'opposition /a/-/ɑ/. Comme vous le savez déjà, le français compte quatre phonèmes vocaliques nasaux: /ɔ̃/, /ɛ̃/, /œ̃/ et /ɑ̃/. La production des voyelles nasales est caractérisée par l'abaissement de la luette qui permet à l'air de pénétrer dans la cavité nasale. On verra, dans ce chapitre, les problèmes que posent ces voyelles aux niveaux de la prononciation et de la graphie. D'autre part, l'opposition /a/ /ɑ/ nous permettra d'étudier le cas d'un contraste phonologique de faible rendement en français.

8.1 LES VOYELLES NASALES

Comparaison entre le français et l'anglais

Les voyelles nasales du français jouent un rôle distinctif. On trouve, en effet, de nombreuses paires minimales dans lesquelles la voyelle nasale s'oppose à la voyelle orale, par exemple:

/bɛ̃/ («bain») - /bɛ/ («baie»)
/sɔ̃/ («son») - /so/ («sot»)
/sɑ̃/ («sang») - /sa/ («sa»)

Contrairement au français, l'anglais ne compte pas de voyelles nasales dans son système vocalique. En anglais, toute voyelle précédant une consonne nasale est influencée par celle-ci. On dira que la voyelle est **nasalisée** par la consonne nasale qui est encore audible. Ainsi le mot «plant» se prononce [plæ̃nt] et pas [plɑ̃t] («plante» en français).

En anglais, il n'existe aucun cas d'opposition voyelle orale/ voyelle nasale en contexte nasal. Cette considération est particulièrement importante pour l'apprenant de français langue seconde qui doit veiller à ne pas nasaliser les voyelles orales devant consonne nasale.

PRATIQUE 1

Prononcez le mot anglais «plan» puis le mot français «plane».

Attention! «plane» se prononce /plan/ et non /plãn/

La voyelle /ã/

Rappelons que la voyelle nasale /ã/ est postérieure et ouverte. De plus, elle est produite avec un arrondissement des lèvres qui est moins marqué que pour la voyelle /ɔ̃/.

La voyelle /ã/ correspond aux graphies suivantes:

– «an» et «am» (notamment devant /p/ et /b/ ou en finale):

gant /gã/   quand /kã/

lampe /lãp/   Adam /adã/

– «aon» et «aen» dans un petit nombre de mots

paon /pã/   Caen /kã/[1]

– «en» et «em» (seulement devant /p/ et /b/)

vent /vã/   ment /mã/

temps /tã/   semble /sãbl/

✍ ATTENTION..

La graphie «en» peut aussi être prononcée /ɛ̃/ dans «examen», «chien», «viendra»...

Mais quand elle est en fin de mot, cette même graphie peut aussi se prononcer /ɛn/ comme dans «amen», «Carmen»...

Les mots dérivés d'une forme finissant par la voyelle nasale «an» comprennent souvent la voyelle /a/ suivie d'une consonne nasale:

plan /plã/   ——>   planifier /planifje/

an /ã/   ——>   annuel /anɥɛl/

ban /bã/   ——>   bannir /baniR/

PRATIQUE 2

La femelle du «paon» est la «paonne». Comment prononce-t-on «paonne»?

---

1. Ville de France

Cependant, dans le cas des graphies «am», «em», «en», la voyelle nasale se maintient souvent dans la forme dérivée:

vent /vɑ̃/ ——> venter /vɑ̃te/

camp /kɑ̃/ ——> camper /kɑ̃pe/

temps /tɑ̃/ ——> temporel /tɑ̃pɔRɛl/

Il est important de dire que dans le cas où elle est suivie d'une consonne nasale double («nn», «mm»..), la voyelle «a» correspond au son oral /a/:

manne /man/

flamme /flam/

Notez que « femme » se prononce /fam/

La voyelle /ɔ̃/

Du point de vue articulatoire, comme on l'a déjà dit, /ɔ̃/ est moins ouverte mais plus arrondie que /ɑ̃/.

PRATIQUE 3

Prononcez plusieurs fois la suite «blond» /blɔ̃/ - «blanc» /blɑ̃/ .

Arrondissez bien les lèvres quand vous prononcez /ɔ̃/ !!

La voyelle /ɔ̃/ s'orthographie presque toujours «on» ou «om» (notamment devant /p/ ou /b/ ou en finale):

pont /pɔ̃/

bombe /bɔ̃b/

nom /nɔ̃/

Cependant, dans quelques mots comme «punch», «jungle», «puncture», la graphie «un» se prononce /ɔ̃/:

punch /pɔ̃ʃ/

jungle /ʒɔ̃gl/

Attention ! Dans beaucoup d'autres mots, la graphie «un» correspond au son /œ̃/. Le mot «jungle» peut lui-même se prononcer /ʒœ̃gl/.....

PRATIQUE 4

Dites si la graphie «un» se prononce /ɔ̃/ ou /œ̃/ dans les mots suivants:

punk - acupuncture- junte- bungalow

Notez bien que la graphie «un» se retrouve dans de nombreux mots empruntés de l'anglais comme «bun», «fun».. Dans ces cas, «un» se prononce /œ/ ...

Dans la dérivation, la voyelle nasale /ɔ̃/ graphiée «on» ou «om» peut devenir une suite /ɔ/ ou /o/ et consonne nasale:

nom /nɔ̃/ —-> nommer /nɔme/ ou /nome/
ton /tɔ̃/ —-> tonal /tɔnal/ ou /tonal/
son /sɔ̃/ —-> sonne /sɔn/

Ceci dit, la voyelle nasale se maintient aussi très fréquemment dans les mots dérivés:

bon /bɔ̃/ —-> bonté /bɔ̃te/
long /lɔ̃/ —-> longueur /lɔ̃gœR/
rond /Rɔ̃/ —-> arrondir /aRɔ̃diR/

Enfin, il faut savoir qu'on ne prononce pas la voyelle nasale /ɔ̃/ mais:
– /ɔ/ si la lettre «o» est suivie d'une consonne nasale double («nn», «mm»..) ou de la suite «mn»:

  bonne /bɔn/
  gomme /gɔm/
  pomme /pɔm/
  automne /o-tɔn/

– /ɔm/ dans le cas de la graphie «um» en finale de mot:

  rhum /Rɔm/
  album /albɔm/
  radium /Radjɔm/

PRATIQUE 5

Dans **un** des mots suivants, la graphie «um» se prononce /œ̃/. Trouvez ce mot:

maximum - velum - parfum - podium -

Si la graphie «um» se trouve en début ou milieu de mot, elle correspond quelquefois à la prononciation /œ̃/ (ex:«humble» /œ̃bl/).

La voyelle /ɛ̃/

Du point de vue articulatoire, la voyelle /ɛ̃/ est antérieure, mi-ouverte et non arrondie. Cette dernière caractéristique la distingue de la voyelle /œ̃/.

PRATIQUE 6

Prononcez brin /bRɛ̃/ - «brun» /bRœ̃/.

Arrondissez bien les lèvres quand vous prononcez /œ̃/ !!

La prononciation /ɛ̃/ correspond aux graphies suivantes:
– «in», «în» ou «im» (on trouve «im» devant /p/ ou /b/)
    vin /vɛ̃/ (homophone de vînt /vɛ̃/)
    simple /sɛ̃pl/
– «yn» ou «ym» («ym» se trouve devant /p/ ou /b/ ou en finale)
    lynx /lɛ̃ks/
    thym /tɛ̃/
– «en» ou quelquefois «em» (si on est devant /p/ ou /b/)
    bien /bjɛ̃/
    appendice /apɛ̃dis/
    tempo /tɛ̃po/ (ou /tɛmpo/)
Mais rappelez-vous que ces graphies correspondent aussi à la voyelle /ɑ̃/.....

PRATIQUE 7

Dites si la voyelle «en» ou «em» se prononce /ɛ̃/ ou /ɑ̃/:

vente - chien - temple - gingembre - benzine - genre - menthol- lien -

---

La voyelle /ɛ̃/ s'écrit aussi:
– «ain» ou «aim» (on trouve «aim» devant /p/ ou /b/ ou en finale)
    main /mɛ̃/
    faim /fɛ̃/
    sainte /sɛ̃t/

– «ein» ou «eim» (dans quelques rares mots comme «Reims» /Rɛ̃s/,
qui est une ville de France)

    teint /tɛ̃/
    rein /Rɛ̃/
    frein /fRɛ̃/

– «oin» où /ɛ̃/ est toujours précédé de /w/

    point /pwɛ̃/
    coin /kwɛ̃/
    moins /mwɛ̃/

En ce qui concerne les mots formés à partir d'une unité contenant la
voyelle /ɛ̃/, on note que /ɛ̃/ alterne, entre autres, avec /ɛn/, /in/, /am/,
/an/:

    mien /mjɛ̃/   –   mienne /mjɛn/
    pin /pɛ̃/   –   pinède /pinɛd/
    faim /fɛ̃/   –   affamé /afame/
    pain /pɛ̃/   –   panetière /pan∂tjɛR/

L'exemple de «mien /mienne» nous donne l'occasion de rappeler
que la lettre «e» suivie d'une double consonne nasale correspond souvent à la voyelle orale /ɛ/:

    antenne /ɑ̃tɛn/
    dilemme /dilɛm/
    septennat /sɛptɛna/
    ennemi /ɛn∂mi/

La voyelle /œ̃/

La voyelle /œ̃/ est très proche articulatoirement de la voyelle /ɛ̃/ à la
seule différence qu'elle est arrondie. Cette différence minime étant de
moins en moins respectée en français standard, l'opposition /œ̃/-/ɛ̃/ est
en train de disparaître au profit de /ɛ̃/. La disparition de l'opposition
s'explique aussi par le fait que peu de paires minimales dépendent de
la distinction /ɛ̃/-/œ̃/ (ex: brun-brin; un-hein; alun-Alain...).

Indiquons, cependant, que la prononciation /œ̃/ est prescrite pour les
graphies suivantes:

– «un» (ou «um» devant /p/ ou /b/) au début, à l'intérieur ou au
milieu du mot

    humble /œ̃bl/
    lundi /lœ̃di/
    chacun /ʃakœ̃/

– «eun» dans quelques rares mots comme «(à) jeûn» (/ʒœ̃/)

Quant aux mots formés à partir d'une unité contenant la voyelle /œ̃/, on note que /œ̃/ alterne avec /yn/, /ym/ ou /øn/:

brun /bRœ̃/ —-> brunette /bRynɛt/

jeûn /ʒœ̃/ —-> jeûner /ʒøne/

parfum /paRfœ̃/ —-> parfumer /paRfyme/

8.2 L'OPPOSITION /a/ -/ɑ/

Du point de vue articulatoire, les voyelles /a/ et /ɑ/ diffèrent par leur zone d'articulation,· l'une est antérieure (/a/), l'autre est postérieure (/ɑ/). De plus, /ɑ/ est arrondie.

Un petit nombre de paires minimales repose sur l'opposition /a/-/ɑ/. En voici quelques unes:

patte /pat/	–	pâte /pɑt/
mal /mal/	–	mâle /mɑl/
tache /taʃ/	–	tâche /tɑʃ/
rat /Ra/	–	ras /Rɑ/

La prononciation /ɑ/ est généralement prescrite pour les graphies «â» («câble», «âne»..), «as» en finale («bas», «ras»..), «oê» («poêle»,..). Elle est aussi prescrite dans les cas où la voyelle suit le son /Rw/ («roi», «boit»..) ou précède le son /z/ («case», «gaz»..).

Cependant, l'opposition /a/-/ɑ/ est en train de disparaître au profit de la voyelle /a/. Ceci est notamment la conséquence du faible rendement de l'opposition. La prononciation /a/ tend donc à se généraliser. Ainsi il est acceptable de dire [an] («âne») ou [Rwa] («roi»).

EXERCICES

1. Lisez les mots transcrits suivants.

a. /pɔ̃/   b. /pɑ̃/   c. /pɛ̃/

d. /bRœ̃/   e./bRɛ̃/   f. /bɔ̃/

2. Transcrivez le(s) phonème(s) correspondant à la graphie indiquée en caractères gras.

a. monnaie   _mɔnɛ_   ɔ̃

b. doyen   _dojɛ̃_   ɛ̃

c. pantin   _pɑ̃tɛ̃_   ɑ̃

d. moindre   _mwɛ̃dR_   wɛ̃

e. pinède   _pɛned_   in

3. Lequel des mots suivants ne contient pas le son /ɑ̃/ ?

a. plante   b. pente   c. gens   d. tempo   e. paon

4. Lequel des mots suivants ne contient pas le son /ɛ̃/ ?

    a. coin   b. grain   c. pin   d. temps   e. thym

5. Lequel des mots suivants ne contient pas le son /ɔ̃/ ?

    a. plomb   b. punch c. ponte d. nomme e. longue

6. Dans chacune des phrases suivantes, un seul mot a été transcrit phonologiquement. Donnez la forme orthographique de ce mot dans la colonne de droite.

    a. Il a lu /tɑ̃/ de livres.   a. _____

    b. Je n'ai pas le /tɑ̃/ de te parler. b. _____

    c. Le kangourou fait des /bɔ̃/.   c. _____

    d. Quels /bɔ̃/ gâteaux !   d. _____

    e. Il m'a parlé sur un de ces /tɔ̃/!.. e. _____

7. Trouvez le mot dont les formes transcrites sont dérivées. Donnez la graphie et la transcription de ce mot.

    a. /swaɲe/   _soigner_ → soin swɛ̃

    b. /ane/   _année_ → année anɛ̃ ɑ̃

    c. /final/   _final_ → fin fɛ̃

    d. /sɛn/   _sent saine_ → sentir sɛ

    e. /dɔne/   _donner_ → don dɔ̃

8. Chacun des mots transcrits peut être orthographié de deux façons différentes. Trouvez les deux graphies correspondantes.

    a. /Rɔm/   rome   rhum

    b. /tɔ̃/   ton   thon

    c. /vɛ̃/   vin   vingt

    d. /dɑ̃/   dans   dente

    e. /sɛ̃/   saint   sin

CHAPITRE 9

LES SEMI-CONSONNES

Le français compte trois sons /j/(«yod»), /ɥ/ («ué») et /w/ («oué») qui sont qualifiés de **«semi-consonnes»** par certains ou de **«semi-voyelles»** par d'autres. C'est qu'en effet, ces sons occupent une place intermédiaire entre les voyelles et les consonnes. Les sons /j/, /ɥ/ et /w/ ont un caractère vocalique comme les voyelles mais, contrairement à ces dernières, ils ne peuvent pas constituer le noyau d'une syllabe, caractéristique qu'ils partagent d'ailleurs avec les consonnes. Quoique considérés comme des constrictives, les sons /j/, /ɥ/ et /w/ sont plus vocaliques et sont produits avec moins de bruit que les autres consonnes constrictives.

9.1 RAPPEL ARTICULATOIRE

Du point de vue du lieu d'articulation, les semi-consonnes /j/,/ɥ/ et /w/ se rapprochent des voyelles /i/, /y/ et /u/. En effet, /j/ et /ɥ/ sont articulées dans la partie antérieure du palais. Toutes deux palatales, ces semi-consonnes se distinguent cependant l'une de l'autre par la position des lèvres: /j/ est étirée alors que /ɥ/ est labialisée. D'autre part, tout comme la voyelle /u/, le son /w/ est articulé avec le dos de la langue relevé vers le voile du palais et les lèvres arrondies.

✍ NOTEZ BIEN...

Les sons /j/ et /w/ existent en anglais dans les mots «you», «year», «royal», «wait», «would», «we» etc..

Cependant, comparées aux voyelles /i/,/y/ et /u/, les semi-consonnes sont plus fermées, c'est-à-dire que l'espace entre la langue et le palais est plus étroit. C'est pourquoi, elles sont produites avec un léger bruit de friction semblable à celui des constrictives.

PRATIQUE 1

Pour prononcer la semi-consonne /ɥ/ qui se trouve dans le mot
«nuit», commencez par prononcer la suite /ny/-/i/ plusieurs fois.

Puis faites un /y/ très court et accentuez le /i/ : vous obtien-
drez /nɥi/. Répétez plusieurs fois sans relâcher la tension.

9.2 DISTRIBUTION

Les semi-consonnes /j/, /ɥ/ et /w/ précèdent toujours une voyelle
prononcée à laquelle elles se rattachent au sein de la même syllabe.
Les trois semi-consonnes peuvent se trouver en début de syllabe ou
après une consonne (voir tableau 9.1).

Seules /w/ et /ɥ/ peuvent apparaître après deux consonnes. Comme
nous le verrons plus loin, elles ne peuvent se trouver en cette position
que si elles remplissent un certain nombre de conditions précises.

Enfin, il n'y a que le son /j/ qui peut fermer une syllabe ainsi qu'on
le voit dans les mots «pareil(le)» (/paʀɛj/) , «ail» (/aj/), «fille» (/fij/)
etc... En cette position, on peut opposer /j/ à /i/ comme dans le cas des
mots «abeille» (/a-bɛj/) et «abbaye» (/a-be-i/).

	/j/	/ɥ/	/w/
Début de syllabe	«iode» /jɔd/ «Mayotte» /ma-jɔt»	«huit» /ɥit/ «situé» /si-tɥe/	«oiseau» /wa-zo/ «kawa»[1] /ka-wa/
Après une consonne	«chien» /ʃjɛ̃/ «gardien» /gaʀ-djɛ̃/	«lui» /lɥi/ «traduit» /tʀa-dɥi/	«louer» /lwe/ «pingouin» /pɛ̃-gwɛ̃/
Après 2 consonnes		«fluide» /flɥid/ «détruit» /de-tʀɥi/	«croire» /kʀwaʀ/ «emploi» /ɑ̃-plwa/
Fin de syllabe	«paille» /paj/ «oseille» /o-zɛj/		

**Tableau 9.1 Distribution des semi-consonnes
/j/ /ɥ/ et /w/ en français**

---

1 Ce mot emprunté à l'arabe signifie «café». Notez que le son /w/ apparaît très rarement en
position intervocalique.

9.3 GRAPHIES ET PRONONCIATIONS DES SEMI-CONSONNES

Représentations graphiques de /j/, /ɥ/ et /w/

A l'exception de quelques graphies particulières (voir 9.4), les semi-consonnes /j/, /ɥ/ et /w/ sont représentées à l'écrit par les voyelles dont elles se rapprochent du point de vue articulatoire (/i/, /y/, /u/). Cependant, la graphie «i», «u» ou «ou» ne peut correspondre à une semi-consonne que si elle est suivie par une **voyelle prononcée**.

PRATIQUE 2

Regardez bien les mots suivants: «bue», «vient», «buée», «rient» «nouer», «fouet», «joue».

Dans quels cas les graphies «i», «u» et «ou» sont-elles suivies d'une voyelle prononcée?

La prononciation /j/ correspond généralement à la graphie «i», «ï» ou «y» suivie d'une voyelle prononcée. C'est le cas, par exemple, des mots «niez», «bien», «Lyon», «scia», «aïeul» etc..

✍ NOTEZ BIEN...

Seule la graphie «ï» peut se trouver en position finale avec valeur de /j/. Ceci est le cas d'un petit groupe de mots comme «Hanoï» /anɔj/; «Shangaï» /ʃɑ̃gaj/ ..

Le son /ɥ/ correspond à la graphie «u» devant voyelle prononcée. La voyelle peut, par exemple, être /i/ (ex: «lui»; «nuit»..), /ɛ/ (ex: «duel»; «désuet»..) ou /a/ (ex: «nuage» ; «suave» ..).

Quant à la semi-consonne /w/, elle correspond à la graphie «ou» devant voyelle prononcée. En guise d'exemples, prenons les mots «oui», «ouest» et «louange».

Règles de prononciation

La prononciation des semi-consonnes, telles qu'elles viennent d'être décrites, suit les règles suivantes:

    1. On prononce toujours /ɥ/ devant le son /i/:
        huit /ɥit/   nuit /nɥi/
        pluie /plɥi/   fruit /fRɥi/

    2. On prononce toujours /w/ devant la voyelle /i/ à condition que

«ou» soit précédé d'une consonne **au plus**:

oui /wi/

Louis /lwi/

fouine /fwin/

3. /ɥ/ et /w/ sont obligatoires après un groupe consonantique où la deuxième consonne est /R/ ou /l/ (ex: /kl/, /fl/, /pR/, /tR/..) et devant une voyelle différente de /i/. Dans ce cas, on a deux syllabes.

cruelle /kRy-ɛl/

trouer /tRu-e/

4. On prononce de préférence /j/, /ɥ/ et /w/ après une consonne **au plus** :

hier /jɛR/   lion /ljɔ̃/

huer /ɥe/   muet /mɥɛ/

ouest /wɛst/   douane /dwan/

Cependant, il est aussi acceptable de prononcer /ij/, /y/ et /u/ à la place de la semi-consonne sauf dans les cas 1 et 2:

hier /i-jɛR/   lion /li-jɔ̃/

huer /y-e/   muet /my-ɛ/

ouest /u-ɛst/   douane /du-an/

Ces prononciations, surtout caractéristiques d'un débit lent, peuvent aussi relever d'une variation individuelle ou régionale.

5. On prononce toujours /ij/ après un groupe consonantique où la deuxième consonne est /R/ ou /l/ (ex: /kl/, /fl/, /pR/, /tR/..). Dans ce cas, la frontière syllabique se situe entre /i/ et /j/:

client /kli-jɑ̃/

cendrier /sɑ̃-dRi-je/

PRATIQUE 3

Trouvez, parmi les exemples suivants, les cas où **seules** les prononciations /ɥ/ et /w/ sont acceptables: «avouer», «fruit», «cruel», «suivre» «jouer», «Louise».

9.4 CAS DES GRAPHIES PARTICULIERES

Graphies particulières de /j/ («yod»)

Le son /j/ correspond à la graphie «-il» après voyelle prononcée. Cette graphie se rencontre en finale de mot comme l'indiquent les exemples suivants: «ail» (/aj/); «pareil» (/paRɛj/) et «oeil» (/œj/).

La graphie «-ill» après consonne ou voyelle prononcée se réalise aussi /j/. La séquence «-ill» doit être suivie d'une voyelle écrite: «maille» (/maj/); «maillot» (/majo/); «fouille» (/fuj/); «rouiller» (/Ruje/); «Marseille» (/maRsɛj/); «feuille» (/fœj/).

Dans les mots «fille», «famille», par exemple, la séquence graphique «-ille» après consonne se prononce /ij/. Dans d'autres mots, par contre, la graphie «ille» se réalise /il/ comme dans les mots «ville» (/vil/) ou «mille» (/mil/). Ceci dit, la prononciation /ij/ est plus fréquente.

PRATIQUE 4

Dans la liste suivante, trouvez les mots où la suite «ille» est prononcée /ij/ : «bille», «tranquille», «grille», «gentille», «(il) cille», «Lille»[2], «(il) oscille», «(il) pille».

D'autre part, la graphie «-ay» devant voyelle audible se prononce /ɛj/ (ex: payé /pɛje/; rayé /Rɛje/) à l'exception de quelques mots (ex: mayonnaise /majɔnɛz/; Maya /maja/).

Il est important de rappeler que le son /j/ permet de distinguer entre les temps présent et imparfait de l'indicatif aux première et deuxième personnes du pluriel. Ainsi si on conjugue le verbe «vouloir», on dira «nous voulons» (/vulɔ̃/) au présent et «nous voulions» (/vuljɔ̃/) à l'imparfait.

Graphies particulières de /ɥ/ («ué»)

La graphie «-uy» devant voyelle prononcée se réalise /ɥij/ dans de nombreux mots dont «essuyer» (/esɥije/), «ennuyeux» (/ɑ̃nɥijø/), «tuyau» (/tɥijo/), etc. Il y a cependant quelques exceptions parmi les mots terminés en «-uyère» comme «gruyère» (/gRyjɛR/).

PRATIQUE 5

Comment prononce-t-on la forme verbale «essuyions» (1ère personne pluriel, imparfait de l'indicatif) ?

---

2. Ville du Nord de la France.

Par ailleurs, notez que la graphie «ui» correspond à /i/ dans les mots empruntés à l'anglais. Par exemple, le mot «building» se prononce /bildiŋ/.

Graphies particulières de /w/ («oué»)

La graphie «-oi», devant consonne ou voyelle muette, se prononce toujours /wa/ comme dans «loi» (/lwa/), «voie» ou «voix» (/vwa/), «doigt» (/dwa/), «roi» (/Rwa/). Cette prononciation se maintient dans les mots dérivés : par exemple, «doigté» (/dwate/) est formé à partir de «doigt» et «loyal» (/lwajal/) est dérivé de «loi». Remarquez que les mots dérivés de «loi», «roi», «soie», etc.. s'écrivent «-oy» et se prononcent /waj/ (ex: «royal» /Rwajal/ «soyeux» /swajø/)..). La prononciation /wa/ correspond aussi aux formes orthographiées «oê» (ex: «poêle» /pwal/) ou «oe» (ex: «moelle» (/mwal/).

Les séquences «-oin» ou «-ouin» (suivies ou non d'une consonne muette) sont toujours prononcées /wɛ̃/. On les trouve dans «soin» (/swɛ̃/), «coin» (/kwɛ̃/), «moins» (/mwɛ̃/), «pingouin» (/pɛ̃gwɛ̃/), etc.. Le son /wɛ̃/ se retrouve dans le mot «shampoing» ou «shampooing» qui est d'origine anglaise.

PRATIQUE 6

Le mot «soin» se prononce /swɛ̃/. Mais comment se prononce «oi» dans le verbe «soigner» ?

Attention, la forme /wɛ̃/ ne se maintient pas toujours dans les mots dérivés.

EXERCICES

1. Lisez, à haute voix, les mots transcrits.

   a. /pɥi/   b. /nyaʒ/   c. /fRɥite/   d. /bRijɑ̃/

   e. /lwi/   f. /pwasɔ̃/   g. /pRuɛs/   h. /kaje/

2. Associez la bonne transcription phonologique (colonne de droite) à chaque mot orthographié (colonne de gauche).

   a. pays   1. /pɛj/

   b. muette   2. /mwɛt/

   c. pied   3. /pei/

   d. paye   4. /mɥɛt/

   e. mouette   5. /pje/

3. **Transcrivez phonologiquement les mots suivants. Les graphies en caractères gras peuvent être transcrites avec /u/ ou /w/.**
   a. poids   _____
   b. ouistiti   _____
   c. pointe   _____
   d. clouer   _____
   e. moelle   _____

4. **Écrivez orthographiquement la phrase qui correspond à la transcription phonologique suivante:**
   /lemwɛtsɑ̃vɔldɑ̃lǝsjɛlblø/

   _____

5. **Transcrivez phonologiquement les mots suivants en faisant plus particulièrement attention aux graphies en caractères gras. Chaque transcription comprend /j/ ou /ij/.**
   a. piéton   _____
   b. priez   _____
   c. voyons   _____
   d. sucrier   _____
   e. crayon   _____

6. **Certaines des transcriptions données ci-dessous sont incorrectes. Corrigez-les.**
   a. fluide   /flyid/   _____
   b. village   /vilaʒ/   _____
   c. brouillé   /bRwuje/   _____
   d. plaidoirie   /plɛdwɔRi/   _____
   e. travaillions   /tRavajɔ̃/   _____

7. **Chacun des mots transcrits peut être orthographié de deux façons différentes. Trouvez les deux graphies correspondantes.**
   a. /pwal/   _____   _____
   b. /lɥi/   _____   _____
   c. /nwa/   _____   _____
   d. /ljɔ̃/   _____   _____
   e. /wat/   _____   _____

CHAPITRE 10

LES PHÉNOMÈNES COMBINATOIRES

Jusqu'à maintenant, nous avons étudié les sons à l'état isolé. Or les sons que nous entendons ou que nous produisons en parlant, ne sont presque jamais des sons isolés. Ils forment au contraire une **chaîne continue** où les consonnes et les voyelles se **combinent** entre elles pour former d'abord des syllabes puis des unités plus grandes comme des mots, des groupes de mots, phrases etc... Ce caractère continu de la parole — qui justifie que l'on parle quelquefois de continuum de parole — se manifeste concrètement par des phénomènes phonétiques appelés **phénomènes combinatoires**. La phonétique combinatoire s'intéresse à décrire et à expliquer ces phénomènes.

10.1 COMPRENDRE LES PHÉNOMÈNES COMBINATOIRES

La coarticulation

La réalisation d'un son implique la combinaison de plusieurs mouvements articulatoires. Ainsi le son /m/ est produit avec, entre autres, l'accolement des deux lèvres et l'abaissement de l'uvule pour permettre le passage de l'air dans la cavité nasale. Cependant, lorsque le son /m/ se combine, au sein d'une syllabe, avec d'autres sons, les organes phonatoires doivent coordonner les mouvements articulatoires de tous les sons de façon à ce qu'ils forment une suite sonore continue. On désigne cette coordination de diverses articulations par le terme **coarticulation**.

✍ UN PEU DE TERMINOLOGIE...

Le terme **coarticulation** est formé de co- du latin «cum». Il se retrouve dans les mots coopération, cogestion, etc. et veut dire «ensemble». Le terme «coarticulation» suggère donc que plusieurs articulations se font ensemble.

Les articulateurs sont donc en mouvement constant. En effet, au moment où les organes «travaillent» à la prononciation d'un son, ils se mettent déjà en place pour produire le son suivant. Prenons l'exemple du mot «pomme» (/pɔm/). Pendant l'articulation de la voyelle /ɔ/, le palais mou commence à s'abaisser afin de permettre à l'air de passer par la cavité nasale au cours de la réalisation de la consonne /m/. Dans cet exemple, les articulateurs prévoient la production de l'unité phonique subséquente. On parlera alors de **coarticulation par anticipation** ou **coarticulation régressive**.

Il arrive aussi qu'un mouvement articulatoire caractéristique d'un son persiste pendant la production du son suivant. Imaginons une syllabe où la voyelle serait précédée et suivie d'une consonne sourde. Les cordes vocales qui sont écartées pendant la production de la consonne sourde pourront le rester pendant une partie de la production de la voyelle. Cette dernière subira donc une perte partielle de sa sonorité. Cet exemple illustre un cas de **coarticulation par persistance** ou **coarticulation progressive**.

❡ EN SOMME..

La coarticulation se manifeste par un **chevauchement** des articulations. Un mouvement articulatoire nécessaire à la production d'un son peut s'étendre au son avoisinant.

La force articulatoire

Du fait de la coarticulation, les sons vont inévitablement s'influencer les uns les autres, ce qui se traduit par une modification des caractéristiques des sons proches sur la chaîne parlée. Ainsi une consonne peut être influencée par une autre consonne ou une voyelle. Une voyelle peut aussi s'altérer sous l'effet d'une autre voyelle ou d'une consonne environnante.

La capacité d'un son à modifier un autre son dépend principalement de sa **force articulatoire**. En effet, il est important de savoir que tous les sons n'ont pas la même force. La force d'un son est fonction non seulement de sa nature mais aussi de sa position.

Par nature, les consonnes sourdes sont plus fortes que les sonores: plus particulièrement, les consonnes qualifiées d'«obstruantes» sourdes (/p,t,k,f,s/) sont **fortes** alors que les «obstruantes» sonores (/b,d,g,v,z/) sont dites **douces**. D'autre part, les nasales ont plus de force que les consonnes /R/ et /l/.

En ce qui concerne la position, l'initiale de la syllabe est, pour les consonnes, une position forte alors que la position finale de syllabe représente une position faible. Pour les voyelles, on peut dire, sans entrer dans les détails, que toute voyelle accentuée est plus forte qu'une voyelle inaccentuée.

Un aperçu des phénomènes combinatoires

Les phénomènes combinatoires résultent en des modifications d'ampleur variable. Plus l'altération du son est importante, plus le phénomène est perceptible à l'oreille. C'est pourquoi certaines modifications ne sont pas audibles alors que d'autres le sont nettement.

Cette variation dépend de facteurs divers. Un débit rapide favorise les influences combinatoires. Ainsi si un locuteur prononce rapidement l'adverbe «maintenant», on entendra [mɛ̃nnɑ̃] par suite de la nasalisation du [t] par la consonne nasale [n]. De même, en débit rapide, la suite «j'passe» pourra devenir [ʃpas]. D'autres phénomènes combinatoires comme l'allongement seront sensibles à l'accentuation. Ainsi, une voyelle nasale, longue par nature, aura une durée plus importante dans une syllabe accentuée que dans une syllabe inaccentuée.

Les facteurs individuels comme l'accent régional ou social d'un locuteur ont aussi leur importance. D'après Carton et al (1983), l'accent parisien populaire serait caractérisé par une tendance à palataliser les consonnes [t,d][k,g] devant les voyelles [i] et [y], ce qui expliquerait les prononciations de type [kji] pour «qui». Par ailleurs, la palatalisation de [k,g] devant les voyelles [i] et [y] apparaît comme une particularité du phonétisme québécois (Marchal, 1980:156).

10.2 L'ASSIMILATION : GÉNÉRALITÉS

L'assimilation est l'un des principaux phénomènes combinatoires. On le considère comme le plus fréquent de tous les phénomènes d'évolution phonétique. A ce titre, il a joué un rôle très important dans l'histoire phonétique du français.

Dans l'assimilation, **un son (le son assimilé) adopte une ou plusieurs caractéristiques articulatoires d'un autre son (le son assimilateur)**. Il en résulte une plus grande ressemblance entre les deux sons.

✍ NOTEZ BIEN...

Dans la transcription phonétique, le son assimilé est marqué par un symbole appelé **diacritique**. Le diacritique indique le type de changement subi par le son.

La modification subie par le son assimilé peut être plus ou moins importante. L'assimilation est dite **partielle** quand les éléments en contact maintiennent une différence tandis qu'elle est dite **complète** quand la différence qui existe entre les deux sons n'est plus audible .

On parle soit d'**assimilation consonantique** soit d'**assimilation vocalique** selon que la modification est subie par une consonne ou par une voyelle.

L'**assimilation de contact** peut se produire entre deux sons en contact direct tandis que l'**assimilation à distance** se produit entre deux sons éloignés (mais pas trop..) l'un de l'autre. Ce sont surtout les voyelles qui s'influencent à distance.

Le **sens** de l'assimilation est une autre considération importante quand on étudie ce phénomène. On distingue, en effet, le cas d'un son qui influence le son qui le précède (assimilation **régressive**) de celui d'un son qui influence la consonne ou voyelle qui le suit (assimilation **progressive**). On parle d'assimilation rétro-progressive quand un son assimile le son qui est devant lui ainsi que le son qui est après lui. L'assimilation **double** réfère au cas où un son est assimilé à la fois par le son qui le précède et par celui qui le suit.

❧ RÉCAPITULONS....

Soit trois sons B, A et C dans cet ordre sur la chaîne parlée:

Si A assimile C, l'assimilation est **progressive (A —> C);**

Si A assimile B, l'assimilation est **régressive (B <— A);**

Si A assimile B et C, on a une assimilation **rétro-progressive (B <— A —> C);**

Si A est assimilé par B et C, l'assimilation est **double (B —> A <— C).**

10.3 L'ASSIMILATION CONSONANTIQUE

Les types d'assimilation consonantique

L'assimilation consonantique résulte en des modifications des mode ou lieu d'articulation de la consonne assimilée. Cependant, on constate que les phénomènes les plus fréquents affectent le caractère sourd ou sonore de la consonne ou son caractère oral ou nasal. C'est pourquoi, on considère que les types d'assimilation les plus courants sont les assimilations de **voisement**, de **sourdité** et de **nasalité**.

✍ ATTENTION...

Une assimilation de voisement, de sourdité ou nasalité ne peut se produire qu'entre deux consonnes **différentes** par leur sonorité ou leur nasalité. Par exemple, un son sonore pourrait assimiler un son sourd mais pas un son sonore.

L'assimilation de voisement

On parle d'assimilation de voisement quand une consonne voisée (ou sonore) influence une consonne non voisée (ou sourde). La consonne voisée **sonorise** la consonne sourde. Cette assimilation est de sens **régressif** en français contemporain.

Les exemples suivants permettront de mieux comprendre ce type de phénomène.

Si vous écoutez quelqu'un dire «chaque doigt», il vous semblera que la consonne [k] («chaque») est proche d'un [g] sans être cependant un [g]. Vous aurez donc repéré là un cas d'assimilation de voisement : la consonne [d] a transmis une partie de son caractère voisé à la consonne sourde [k] qui est à la fin de la syllabe précédente. En effet, la sonore [d] est plus forte que la sourde [k] non par nature mais par position vu qu'elle se trouve en position initiale de syllabe accentuée.

PRATIQUE 1

Le diacritique [ˬ] doit être placé au dessous d'une consonne sourde qui a subi une assimilation de voisement.

Pouvez-vous transcrire «sept doigts» en indiquant l'assimilation de voisement?

L'assimilation de voisement se produit à la frontière de syllabe, à l'intérieur d'un mot ou d'un groupe, comme le montrent les exemples suivants:

Chapdelaine [ʃapdəlɛn]
le cap bleu [ləkaφblø]
un mas blanc [œ̃masblɑ̃]

La rencontre de deux consonnes en cette position peut quelquefois résulter de la non-réalisation d'un «e muet»:

paqu(e)bot [pakbo]
aqu(e)duc [akdyk]
plat(e)-bande [platbɑ̃d]

Ces exemples illustrent des cas d'assimilation partielle. Cependant, en débit d'énonciation rapide, l'assimilation peut être complète, auquel cas, par exemple, les occlusives sourdes sonorisées [p],[t],[k] deviendront [b],[d] et [g]. On pourra entendre alors [ʃabdðlɛn] («Chapdelaine»), [pagbo] («paqu(e)bot»), [pladbɑ̃d] («plat(e)-bande»), etc.

Ce type d'assimilation complète n'est cependant pas possible d'un mot à l'autre. On ne dira pas, par exemple, [kabblø] pour «cap bleu».

L'assimilation de sourdité

On se trouve devant un cas d'assimilation de sourdité quand une consonne non voisée (ou sourde) influence une consonne voisée (ou sonore). On dit alors que la consonne sourde **assourdit** la consonne sonore. Cette assimilation est **régressive** ou **progressive** en français contemporain.

Les consonnes nasales, les semi-consonnes, /R/ et /l/ sont concernées par ce type d'assimilation. En effet, de par la combinatoire des phonèmes du français, ces sons peuvent être précédés, dans la même syllabe, d'une obstruante sourde (ex: «pluie», «pneu», «frite», «brique», etc).

PRATIQUE 2

Certains groupes formés d'une obstruante sourde suivie d'une nasale, de /R/ ou /l/ ou d'une semi- consonne ne se retrouvent jamais en début de syllabe en français.

Quels sont ces groupes?

Comme dans le cas du voisement, l'assimilation de sourdité se produit à la frontière de syllabe, à l'intérieur d'un mot ou d'un groupe. Ces cas peuvent ou non résulter de la non-réalisation d'un «e muet», comme on le voit dans les exemples suivants:

absent [ab̥sɑ̃]
méd(e)cin [mɛd̥sɛ̃]
une grand(e) table [yngRɑ̃d̥tabl]

✍ NOTEZ BIEN

Vous venez de faire la connaissance du diacritique [̥]. Celui-ci se place au dessous de la consonne qui a été assourdie au contact d'une consonne sourde.

Dans les exemples donnés ci-dessus, la consonne assimilatrice ([t] ou [s]) est en position initiale de syllabe et est plus forte par position que la consonne qui la précède. De plus, les obstruantes [t] et [s] sont plus fortes par nature que les consonnes sonores [b] et [d]. Ces raisons expliquent que [b] et [d] subissent une assimilation de sourdité.

PRATIQUE 3

Expliquez pourquoi on a assimilation de sourdité dans les exemples suivants:

une rob(e) serrée [ynRɔb̥sɛRe]

pluvieux [pl̥yvjø]

d(e) porc [Rotid̥pɔ:R][1]

j(e) crie pas [ʒ̊kR̥ipa][2]

Notons qu'une consonne sonore peut être totalement assimilée par une consonne sourde. La prononciation [ʃpas] («j'passe») qui, comme nous l'avons déjà dit, s'entend en débit rapide, est un exemple d'assimilation complète. On entend aussi souvent [mɛtsɛ̃] («méd(e)cin»), [tutsyit] («tout d(e) suite») ou [ɔptɑ̃sjɔ̃] («obtention»). D'après Malmberg (1976:136), ces prononciations compteraient parmi les cas d'assimilation «régulièrement complète».

L'assimilation de nasalité

L'assimilation de nasalité réfère à l'influence d'une consonne nasale sur une consonne orale. On dit alors que la consonne nasale **nasalise** la consonne orale. Ce type d'assimilation consonantique est **régressif** en français contemporain.

PRATIQUE 4

D'après tout ce que nous avons expliqué jusqu'ici, pouvez-vous expliquer pourquoi une consonne nasale ne peut assimiler une consonne orale que si celle-ci la précède?

Les occlusives voisées sont particulièrement sensibles à l'assimilation de nasalité mais les occlusives sourdes comme [t] peuvent être aussi assimilées comme le montrent les exemples suivants:

1. Comme on le verra plus loin, le diacritique [:] indique que la voyelle [ɔ] est allongée.
2. En style familier, la forme «ne..pas» est souvent réduite à «pas».

maint(e)nant [mɛ̃ʃnɑ̃]
lend(e)main [lɑ̃dmɛ̃]
point d(e) mire [pwɛ̃dmi:R]

✍ NOTEZ BIEN

Oui, le diacritique [˜] sert bien à indiquer que la consonne assimilée a partiellement adopté le trait nasal de la consonne qui suit!

Ce diacritique se place **au dessus** de la consonne nasalisée.

Les prononciations [mɛ̃nnɑ̃] (ou [mɛ̃nɑ̃]) et [lɑ̃nmɛ̃] sont caractéristiques du français parlé (Boë et Tubach, 1992). Ce sont des exemples, d'une part, d'une assimilation complète de la consonne orale qui devient [n] et, d'autre part, d'une assimilation double.

En effet, dans ces cas, l'assimilation complète est facilitée par la présence de la voyelle nasale qui elle aussi transfère une partie de sa nasalité à la consonne orale. Il est bien connu qu'une voyelle nasale peut nasaliser la consonne occlusive sonore qui la suit dans la même syllabe (Valdman, 1993:214-215). Cette influence de la voyelle nasale sur l'occlusive sonore explique les prononciations [vɛ̃ndø] («vingt-deux»), [ʃɑ̃mdis] («chambre (numéro) dix»).

PRATIQUE 5

Votre ami vous explique, en parlant vite, qu'il avait tellement faim qu'il a mangé [ynbaɡɛtenmi].

Cette prononciation révèle une assimilation de nasalité. Pouvez-vous la repérer? Quelle consonne a été assimilée?

Cas particuliers d'assimilation consonantique

Le suffixe «-isme» qui se retrouve dans de nombreux mots français (ex: gaullisme; capitalisme; fédéralisme; etc) permet d'illustrer un comportement particulier en ce qui concerne l'assimilation consonantique. En effet, ce suffixe peut se prononcer [ism̥] ou [iṣm]. Dans le premier cas, on a une assimilation progressive de surdité alors que le deuxième cas s'explique par une assimilation régressive de voisement. Les deux prononciations sont acceptables. La prononciation [izm] avec assimilation complète de [s] est également attestée.

D'autre part, on a vu, à partir des exemples comme [aḅsɑ̃]

(«absent»), que la consonne [b] est assourdie sous l'influence du [s] qui suit. On retrouve ce type d'asimilation dans les mots «obstination» ([ɔb̥stinasjɔ̃] ou [ɔpstinasjɔ̃]), «subséquent» ([syb̥sekɑ̃] ou [sypsekɑ̃]), etc. Cependant, dans le verbe «subsister» et ses dérivés, la consonne [b] assimile le son suivant qui devient [z] d'où la prononciation [sybziste].

On peut dire que ce cas d'assimilation de voisement est exceptionnel car la consonne [b] n'est, ni par nature ni par position, plus forte que l'obstruante sourde. Par ailleurs, certains mots comme «subsidence» (ou «subsidiaire», «subsidiairement») se prononcent soit avec assimilation de voisement ([syb̥sidɑ̃s] ou [sybzidɑ̃s]) soit avec assimilation de sourdité ([syb̥sidɑ̃s] ou [sypsidɑ̃s]).

PRATIQUE 6

Cherchez les mots «abcès», «obtus» et «obstacle» dans un dictionnaire français unilingue (comme Le Petit Robert).

Que remarquez-vous dans la transcription phonétique?

10.4 L'ASSIMILATION VOCALIQUE

L'harmonisation vocalique

L'harmonisation vocalique ou **harmonie vocalique** est un phénomène d'assimilation vocalique à distance. En effet, une voyelle peut influencer une voyelle proche en modifiant son timbre. La voyelle responsable de l'assimilation est une voyelle **accentuée** (ou **tonique**) car elle a une plus grande force assimilatrice que la voyelle **inaccentuée** (ou **atone**). C'est la voyelle de la syllabe précédant la syllabe accentuée qui est la plus fréquemment assimilée. L'assimilation ne se produit que si la syllabe inaccentuée est **ouverte**.

L'harmonisation vocalique résulte en une **identité de timbre** entre les deux voyelles. Ainsi une voyelle ouverte, en position inaccentuée, pourra se fermer sous l'effet d'une voyelle accentuée fermée. Ce sera le cas, par exemple, du verbe «aider» qui se prononce [ɛde] ou [ede]: la voyelle du radical du verbe ([ɛd]) peut soit être maintenue soit s'harmoniser avec la voyelle tonique.

L'explication vaudrait pour la prononciation [tety] du mot «têtu» dérivé de «tête» ([tɛt]).

Inversement, sous l'influence d'une voyelle accentuée ouverte, la voyelle atone fermée pourra s'ouvrir. Le mot «négoce» se prononcera [negɔs] sans harmonisation vocalique ou [nɛgɔs] avec. La prononciation [tɛjɛ:R] pour le mot «théière», dérivé de «thé» ([te]) est un autre exemple d'harmonisation vocalique.

⌘ RÉCAPITULONS....

L'harmonisation vocalique se manifeste de deux façons:

- la voyelle atone est ouverte et elle se ferme sous l'influence de la voyelle accentuée fermée;

- la voyelle atone est fermée et elle s'ouvre sous l'effet de la voyelle accentuée ouverte.

Quoique les exemples d'harmonisation vocalique soient plus fréquents pour les voyelles /ɛ/ et /e/, le phénomène touche aussi les voyelles /ø/ /œ/, d'une part, et /o//ɔ/, d'autre part. À ce propos, Marchal (1980: 83) donne deux réalisations possibles pour chacun des mots suivants: «poteau» ([pɔto] ou [poto]); «heureux» ([œrø] ou [ørø]); «philosophe» ([filozɔf] ou [filɔzɔf]).

L'allongement vocalique

En français, une voyelle peut être longue pour trois raisons.

Une voyelle peut être longue pour des raisons liées à l'évolution phonétique de la langue. C'est, en effet, le cas des voyelles /ø/ et /o/ en syllabe fermée qui ont été présentées comme des exceptions à la loi de position (Voir chapitre 7). /ø/ et /o/ seront donc réalisées [ø:] et [o:] comme dans les mots «paume» ([po:m]), «hôte» ([o:t]) et «jeûne» ([ʒø:n]). La différence de longueur vocalique est évidente dans les paires minimales «paume» et «pomme» ([po:m] [pɔm]); «hôte» et «hotte» ([o:t] [ɔt]); «jeûne» «jeune» ([ʒø:n] [ʒœn]).

⌘ OUI, le diacritique [:] indique que la voyelle accentuée est longue. Ce diacritique se place **après** la voyelle.

C'est aussi une cause historique qui explique que la voyelle /ɑ/ soit longue en syllabe fermée dans les mots «pâte» ([pɑ:t]), «gâte» ([gɑ:t]), «mâle» ([mɑ:l]), etc.

PRATIQUE 7

Cherchez l'origine des mots «pâte», «gâte» et «mâle» dans un dictionnaire français unilingue (comme Le Petit Robert).

Pouvez-vous trouver la raison historique de la longueur de la voyelle /ɑ/ ?

D'autre part, une voyelle peut être longue par nature. C'est le cas des voyelles nasales /ɛ̃/, /ɑ̃/, /œ̃/ et /ɔ̃/ en syllabe **fermée**. Pour cette raison, les mots «chance», «bombe», «simple», «emprunte» seront transcrits [ʃɑ̃ːs], [bɔ̃ːb], [sɛ̃ːpl] et [ɑ̃pRœ̃ːt].

⚠ ATTENTION...

Tous les exemples fournis jusqu'à maintenant illustrent des voyelles longues en syllabe **accentuée**. C'est pourquoi, on a seulement utilisé le diacritique [ː] qui marque un **allongement complet**.

Enfin, la voyelle peut être longue sous l'effet de son environnement phonétique. En effet, les consonnes [R], [z], [v], [ʒ] sont qualifiées de **consonnes allongeantes** en français car, en syllabe fermée, elles ont le pouvoir de rendre plus longue la voyelle qui les précède (ex: «fort» [fɔːR]; «ange» [ɑ̃ːʒ]; «fleuve» [flœːv]; etc.).

L'allongement vocalique est sensible à l'accentuation. En syllabe accentuée, la voyelle sera plus longue qu'en syllabe inaccentuée. Comme on l'a déjà indiqué, on parle d'**allongement complet** en syllabe tonique. En syllabe inaccentuée, le phénomène sera qualifié de **demi-allongement**. Comparez, par exemple, les exemples suivants:

le village [lǝvila:ʒ] vs. le village blanc [lǝvila·ʒblɑ̃]
la rive [laRi:v] vs. le riv(e)rain [lǝRi·vRɛ̃]

✄ On utilise le diacritique [·] après la voyelle chaque fois que l'allongement se produit dans une syllabe inaccentuée.

Notons qu'en français, la longueur vocalique peut avoir une valeur phonologique. Cependant les paires minimales qui illustrent l'opposition voyelle longue/ voyelle brève sont peu nombreuses. C'est pourquoi, l'opposition de durée n'est pas considérée comme pertinente par de nombreux auteurs (Walter, 1977:43). Citons, cependant, les paires «bette» et «bête» ([bɛt] [bɛːt]); «belle» et «bêle» ([bɛl] [bɛːl]); «mettre» et «maître» ([mɛtR] [mɛːtR]).

EXERCICES

1. Chaque transcription suivante révèle un cas d'assimilation consonantique partielle ou complète. Dites de quel type d'assimilation il s'agit et quel est son sens.

a. [pl̥ato]   b. [laksizm]   c. [anɛgdɔt]

d. [ʃpʀ̥i]   e. [ɔptøny]   f. [mɛ̃ĩny]

2. **Chaque transcription suivante révèle un cas d'assimilation vocalique. Décrivez l'assimilation (type d'assimilation; contexte de l'assimilation..).**

   a. [pɔ·Rte]   b. [lese]   c. [pRi:z]

   d. [løRe]   e. [flœ·Rblø]   f. [ede]

3. **Expliquez pourquoi il ne se produit aucune assimilation entre les deux consonnes indiquées en caractères gras.**

   a. [yntas**k**ase]

   b. [lapɔ**md**adɑ̃]

   c. [la·ʒ**m**wajɛ̃]

4. **Trouvez la forme orthographique correspondant à la transcription donnée. Chaque transcription révèle une assimilation consonantique partielle ou complète.**

   a. [apsu]   _____

   b. [taʂdøte]   _____

   c. [ʂvɛlt]   _____

   d. [sybziste]   _____

   e. [azm]   _____

5. **Dans la transcription suivante, le son en caractères gras a subi une assimilation mais le diacritique n'a pas été indiqué. Rétablissez le diacritique manquant.**

   a. [tyRøgaRdløbatokipRɑ̃lamɛR]

   b. [kɑ̃ʒpaRlilmekut]

   c. [mɛ̃tnɑ̃ilplø]

   d. [ilapɛRdylekledykadna]

6. **Complétez chaque phrase par le mot approprié.**

   a. La consonne nasale peut _____ l'occlusive qui la précède.

   b. Les consonnes /R,z,v,ʒ/ sont dites _____.

   c. L'assimilation de voisement est _____ en français.

   d. La consonne /p/ est _____ par nature.

   e. Dans [ak̟dyk], [d] _____ la consonne [k].

CHAPITRE 11

ENCHAÎNEMENT ET LIAISON

Parmi les phénomènes combinatoires, l'enchaînement et la liaison sont certainement les plus familiers aux étudiants. Cependant ces phénomènes ne sont pas forcèment bien maîtrisés. Ce chapitre sera consacré à ces deux phénomènes phonétiques.

11.1 L'ENCHAÎNEMENT

Conditions de l'enchaînement

Le phénomème d'**enchaînement** se produit entre deux mots de la chaîne. Dans l'enchaînement, **la consonne finale d'un mot va s'attacher à la voyelle qui débute le mot suivant:**
Il y a une grande abbaye là-bas
[i-lja-yn-gRɑ̃-da-be-i-la-ba]

Dans cet exemple, les mots «il» (/il/) et «grande» (/gRɑ̃d/) se terminent par une consonne prononcée dans le mot isolé. Cette consonne s'enchaîne avec la voyelle initiale du mot suivant.

PRATIQUE 1

Syllabez la phrase suivante en faisant les enchaînements:

[aRlɛtaɛ̃vitesɛtamiRɔmɛnadine][1]

Enchaînement et syllabation ouverte

Par suite de l'enchaînement, la voyelle précédant la consonne finale du mot va se retrouver en syllabe ouverte alors que dans le mot isolé, elle est noyau de syllabe fermée:
il a /il/ /a/ > [i-la]
grande amie /grɑ̃d/ /ami/ > [gRɑ̃-da-mi]

---

1. «Arlette a invité cette amie romaine à dîner»

De ce point de vue, on peut dire que l'enchaînement favorise la **syllabation ouverte** qui est une des caractéristiques de base du phonétisme du français (voir chapitre 2).

Certaines voyelles vont pouvoir subir un changement de timbre. C'est surtout le cas des voyelles à double timbre (voir chapitre 7) qui sont sensibles au contexte syllabique. Si la voyelle précédant la consonne finale est /ɛ/ /ɔ/ ou /œ/, elle pourra soit maintenir son timbre ouvert (phénomène d'analogie) soit se fermer une fois qu'elle devient noyau de syllabe ouverte. Ainsi le groupe «crème à raser» pourra se prononcer [kRɛ-ma-Ra-ze] ou [kRe-ma-Ra-ze]. La voyelle pourrait aussi avoir un timbre intermédiaire entre le /e/ et le /ɛ/.

PRATIQUE 2

Pratiquez l'enchaînement en lisant les groupes suivants:

«brosse-à-dents»

«barbe-à-papa»

«col en dentelles»

«soupe aux lentilles»

«avec amour»

N'oubliez pas de toujours bien accentuer la syllabe finale du groupe!

11.2 LA LIAISON

Enchaînement et liaison

Les phénomènes d'enchaînement et de liaison relèvent du caractère continu de la parole. En effet, tous les deux consistent en un rattachement d'une consonne à la voyelle initiale du mot suivant:

grande amie [gRɑ̃-da-mi]

grand ami [gRɑ̃-ta-mi]

De ce point de vue, l'enchaînement et la liaison se ressemblent. Cependant, il existe des différences importantes entre les deux phénomènes.

La première différence concerne la nature de la consonne d'enchaînement ou de liaison. Dans l'enchaînement, la consonne existe dans le mot isolé :

petite /pətit/ amie /ami/ > [pø-ti-ta-mi]

La consonne de liaison, par contre, n'est pas prononcée dans le mot à l'état isolé même si elle correspond généralement à une consonne écrite. Elle n'apparaît que lorsqu'un certain nombre de conditions (phonétiques, syntaxiques, lexicales et stylistiques) sont remplies:

petit /pəti/ ami /ami/ > [pø-ti-ta-mi]

A ce titre, la consonne de liaison se comporte comme une **consonne latente**. Dans le cas des adjectifs au singulier, on peut constater que la consonne de liaison correspond souvent à la marque du féminin. Par exemple, on dit «petit» ([pøti]), «petite» ([pøtit]) et «un petit ami» ([ɛ̃-pø-ti-ta-mi]. Dans quelques rares cas, la consonne peut être différente (ex:«grand ami» [gRɑ̃-ta-mi]).

PRATIQUE 3

Pour chacun des cas suivants, dites si l'exemple révèle une liaison ou un enchaînement:

[løptitɑ̃fɑ̃] [duzɑ̃] [ynale]

[laptitil] [døzɑ̃] [ɛ̃nale]

Une autre différence importante existe entre les deux phénomènes. L'enchaînement se produit invariablement quand une consonne finale de mot est suivie d'une voyelle. Cependant, la liaison dépend de plus d'une condition. En effet:

- la liaison se fait entre une consonne latente et un mot débutant par une voyelle.
- la liaison ne peut se produire qu'entre deux mots qui ont une relation syntaxique étroite (ex: article et nom; adjectif et nom; etc..).
- la liaison ne se fera pas si la consonne écrite à la fin d'un mot n'est pas une consonne latente.
- la liaison varie en fonction de facteurs stylistiques: par exemple, plus la situation de communication est formelle, plus le nombre de liaisons est élevé. A l'opposé, en discours spontané, certaines liaisons ne seront pas faites quoique les conditions favorables à une liaison soient réunies (Lucci, 1983:230). On parlera de **liaisons facultatives** par opposition aux liaisons **obligatoires** et **interdites**.

Origines de la liaison

Le phénomène de liaison trouve ses origines dans l'histoire de la langue française. Comme on l'expliquait au chapitre 2, certaines consonnes finales écrites se prononcent en français alors que d'autres ne se prononcent pas. En position finale, ces consonnes étaient toutes prononcées jusqu'au XIème siècle, moment auquel elles commencèrent à devenir muettes. Cependant, la consonne continuait de se prononcer si elle était suivie d'une voyelle ou d'une pause. Jusqu'au XVème siècle, des centaines de mots avaient deux morphes selon le contexte: un mot comme «drap» (/dRa/) se réalisait [dRap] devant voyelle ou pause et [dRa] dans tous les autres contextes. Les consonnes /f/ et /s/ offraient une situation encore plus complexe car elles se voisaient devant voyelle ou pause et devenaient /v/ et /z/ . Cette variation a certainement influencé le comportement contemporain de certains mots comme «dix» ou «six» : on dit «j'en ai **dix**» ([dis]) mais «j'ai **dix** enfants» ([diz]).

D'après Malécot (1975:161-175), les consonnes de liaison les plus fréquentes sont [z],[t],[n],[R] et [p].

11.3 LES LIAISONS OBLIGATOIRES

La liaison dite **liaison obligatoire** doit se faire entre deux éléments qui ont une relation syntaxique étroite. La liaison aura lieu notamment à l'intérieur d'un groupe de sens de type nominal (ex:« les enfants», «les belles oranges»..), verbal (ex: « en emprunteront», «les emmènerons»..) ou prépositionnel (ex: «en été», «dans un jardin»..). L'étudiant devra veiller à respecter ce principe de liaison afin de ne pas commettre trop d'erreurs. Dans tous les exemples de liaisons que nous donnerons, la présence d'une liaison obligatoire sera indiquée par «‿» dans la notation orthographique. Dans la transcription phonétique, nous avons décidé d'indiquer la consonne de liaison en caractères gras afin de faciliter la lecture.

On doit donc toujours faire une liaison:
- entre un déterminant (article; adjectif possessif, démonstratif, interrogatif; nombre, etc) et le substantif ou adjectif qui suit:

    les‿amis [le-**z**a-mi]
    les‿autres lois [le-**z**o-tRø-lwa]
    dix‿hommes [di-**z**ɔm]

- entre un adjectif qualificatif et le substantif suivant:

    les beaux‿enfants [le-bo-**z**ɑ̃-fɑ̃]
    un grand‿ami [ɛ̃-gRɑ̃-**t**a-mi]
    un bon‿ananas [ɛ̃-bɔ-**n**a-na-na]

✍ NOTEZ BIEN..

Si l'adjectif est au masculin singulier et qu'il se termine par une voyelle nasale, la consonne de liaison sera [n] et la voyelle nasale deviendra orale:

un bon‿ami [ɛ̃-bɔ-na-mi]

Moyen‿Orient [mwa-jɛ-nɔ-Rjɑ̃]

La liaison est aussi obligatoire:
– entre un pronom personnel (sujet ou objet) et la forme verbale suivante:

nous‿avons [nu-za-vɔ̃]
ils‿ont [il-zɔ̃]
on les‿attend [ɔ̃-le-za-tɑ̃]
Les‿avez-vous vus? [le-za-ve-vu-vy]
– dans les cas de l'inversion ou de l'impératif, entre une forme verbale et le pronom qui suit:

«Oui», dit‿il [di-til]
Vient‿il? [vjɛ̃-til]
Allez‿y! [ale-zi]
– entre deux pronoms:

on‿en‿attend [ɔ̃-nɑ̃-na-tɑ̃]
il nous‿y amène [il-nu-zi-a-mɛn]

❧ OUI, VOUS AVEZ BIEN LU..

Dans le cas des déterminants, des pronoms, des adverbes et des prépositions **monosyllabiques** terminés par une voyelle nasale, la consonne de liaison sera [n] et la voyelle restera nasale:

bien‿arrivé [bjɛ̃-na-Ri-ve]

On‿en‿a [ɔ̃-nɑ̃-na]

De plus ! Pour «aucun» et «certain», la voyelle nasale se maintient aussi dans la liaison:

aucun‿ami [o-kɛ̃-na-mi]

Enfin, la liaison sera également obligatoire:
- après une préposition, adverbe, pronom relatif ou conjonction monosyllabique à l'exception de «vers»:

     dans‿une boîte [dɑ̃-zyn-bwat]

     en‿avant [ɑ̃-na-vɑ̃]

     dont‿on s'étonne [dɔ̃-tɔ̃-se-tɔn]

     quand‿on dit.. [kɑ̃-tɔ̃-di]

- dans un grand nombre de groupes que l'on appelle **locutions figées**:

     Nations‿unies [na-sjɔ̃-zy-ni]

     vis‿à-vis [vi-za-vi]

     tout‿à coup [tu-ta-ku]

     peut‿être [pø-tɛtR]

Mais attention !! On dit «pot-au-feu» [po-to-fø] mais «riz\au lait» [Ri-o-lɛ], «bon\à rien» [bɔ̃-a-Rjɛ̃], «fers\à cheval» [fɛ-Raʃ-val] etc...

PRATIQUE 4

Maintenant, vous pouvez repérer les liaisons obligatoires dans le titre de livre (imaginaire) suivant:

LES‿ IRRÉSISTIBLES‿ AVENTURES   DES‿
INSPECTEURS BON ANGE ET BON ENFANT

11.4 LES LIAISONS INTERDITES

De la même façon que certains contextes rendent la liaison obligatoire, certains environnements empêchent la réalisation d'une liaison. Dans ces cas-là, on parle de **liaisons interdites**. On recommande à l'étudiant étranger de se familiariser avec ces cas afin d'éviter des erreurs. Dans les exemples suivants, une liaison interdite sera indiquée par «\» dans la notation orthographique.

    Le **principe général** est qu'on ne doit pas faire de liaison entre deux groupes rythmiques. Ainsi, par exemple, il faudra éviter la liaison:

- entre un syntagme nominal et un syntagme verbal:

     Les Petit\habitent ici

     Les enfants\appellent leurs parents

     Jean\exige une réponse

- entre un syntagme nominal et un syntagme prépositionnel:

     ils ont acheté un appartement\à Paris

     La maison\aux pignons

     deux\à la fois!

des romans passionnants\à lire
- entre deux syntagmes prépositionnels (à l'exception de quelques locutions figées):
du nord\au sud
à Paris\au mois d'août
à huit heures\au café

Plus spécifiquement maintenant, la liaison sera interdite devant un mot commençant par un H aspiré:
les\haches [le-aʃ]
mon\héros [mɔ̃-e-Ro]

✤ DES MOTS DÉBUTANT PAR UN H ASPIRÉ..

Noms féminins: hausse - hâte -

hachure - haine - hantise - hargne -

hauteur - honte - hotte -

Noms masculins: hamac - héron -

Hongrois - havane - hochet - huard -

hurlement - hérisson - hambourgeois-

Les mots débutant par un H aspiré étant nombreux, il vous sera impossible de les mémoriser tous. Il vous faudra alors consulter le dictionnaire. En effet, le symbole ['] apparaît toujours dans la transcription phonétique que le dictionnaire donne pour les mots débutant par un H aspiré:
hamac ['amak]
haricot ['aRiko]

PRATIQUE 5

Soit les mots suivants: «herbe», «hélicoptère», «hockey», «hélium», «hologramme», «harem», «hindou» «héroïne», «hypnose», «hyène».

Trouvez les mots qui commencent par un H aspiré. Consultez un dictionnaire!

De plus, on ne devra pas faire la liaison:
- dans les nombres devant «un», «huit» et «onze»:
     cent\onze
     quatre-vingt\huit
     deux-cent\un

Exceptions: vingt-huit [vɛ̃-tɥit]
               dix-huit [di-zɥit]

- après un pronom sujet inversé ou un pronom objet:
     Aimeraient-ils\aller en vacances?
     Avez-vous\averti Hélène?
     Appelez-nous\au bureau!
     Servez-les\avec une sauce!
     Donnez-en\à Jacques!

Rappelez-vous que la liaison sera faite si le pronom n'est pas inversé (voir 11.3).
La liaison sera également interdite:
- entre un nom singulier et l'adjectif qui suit:
     un enfant\équilibré
     un veston\orange
- devant de nombreux mots, souvent d'origine étrangère, qui commencent par /w/ ou /j/:
     les\yoyos
     les\whisky
     des\yaourts
- après un adverbe interrogatif (ex: combien, comment, quand):
     comment\y parviendrez-vous?
     combien\en voulez-vous?
     quand\enverrez-vous la lettre?

Exceptions: On fait toujours la liaison dans:
     comment‿allez-vous? [ko-mɑ̃-ta-le-vu]
     quand‿est-ce-que..? [kɑ̃-tɛs-kø]

✍ N'OUBLIEZ PAS QUE.....

Lorsque QUAND est une conjonction, la liaison est obligatoire:

quand‿il ira.. [kɑ̃-ti-li-Ra]

quand‿on l'aura [kɑ̃-tɔ̃-lo-Ra]

Enfin, ne faites pas de liaison avant et après la conjonction «et» et après «toujours»:

des oranges\et\un ananas

ils sont toujours\amis

Exception: La liaison sera obligatoire dans le cas de la locution figée «toujours est-il» ([tu-ʒu·R-ze-til]).

11.5 LES LIAISONS FACULTATIVES

Comme nous l'avons mentionné précédemment, la réalisation de certains cas de liaison va dépendre de facteurs stylistiques. Plus le style sera soutenu, plus le nombre de ces liaisons dites **facultatives** sera élevé. Ainsi, un homme politique qui prononce un discours réalise un plus grand nombre de liaisons facultatives qu'une personne qui parle avec un ami proche. Par ailleurs, il faut dire que certaines de ces liaisons facultatives sont plus souvent faites que d'autres. Par exemple, on entendra plus fréquemment la liaison après les auxiliaires «ont» et «sont» qu'après les formes verbales à l'infinitif (ex: «manger à sa faim»). Cette variation peut s'expliquer par la nature de la consonne latente. En effet, alors que les consonnes /z/ /t/ et /n/ sont très fréquemment réalisées en contexte de liaison, /R/, /p/ et /g/ le sont beaucoup moins (Malécot, 1975:167).

La liaison est donc facultative:

- entre un nom au pluriel et un adjectif:

    des chants émouvants [de-ʃɑ̃-e-mu-vɑ̃] ou

    [de-ʃɑ̃-ze-mu-vɑ̃]

    les koalas australiens [ko-a-la-o-stRa-ljɛ̃] ou

    [ko-a-la-zo-stRa-ljɛ̃]

- après une forme verbale à l'infinitif ou conjuguée:

    ils sont allés [il-sɔ̃-a-le] ou

    [il-sɔ̃-ta-le]

    vous voulez arrêter [vu-vu-le-a-Re-te] ou

    [vu-vu-le-za-Re-te]

    manger à sa faim [mɑ̃-ʒe-a-sa-fɛ̃] ou

    [mɑ̃-ʒe-Ra-sa-fɛ̃]

    vous dansez ici [vu-dɑ̃-se-i-si] ou

    [vu-dɑ̃-se-zi-si]

- après une préposition polysyllabique:

    devant un micro [dø-vɑ̃-ɛ̃-mi-kRo] ou

    [dø-vɑ̃-tɛ̃-mi-kRo]

    depuis un mois [dø-pɥi-ɛ̃-mwa] ou

    [dø-pɥi-zɛ̃-mwa]

La liaison est également facultative:
- après un adverbe polysyllabique:

      vraiment utile [vRe-mɑ̃-y-til] ou
      [vRe-mɑ̃-ty-til]
      tellement idiot [tɛl-mɑ̃-i-djo] ou
      [tɛl-mɑ̃-ti-djo]

- après «mais», «puis», «(ne) pas»:

      mais on dit [mɛ-ɔ̃-di] ou
      [mɛ-zɔ̃-di]

PRATIQUE 6

Lisez la phrase:

«Ces enfants adorables sont très attachés à leurs amis anglais»

1) en ne réalisant que les liaisons obligatoires

2) en faisant toutes les liaisons possibles

EXERCICES

1. **Faites le découpage syllabique de chaque groupe suivant puis dites si la consonne en caractères gras marque un enchaînement ou une liaison.**

   a. [povRøzami]   _____
   b. [yngRosaRɛɲe]   _____
   c. [ɛ̃sœlɔm]   _____
   d. [kɑ̃tilplø]   _____
   e. [plyzytil]   _____

2. **Transcrivez chaque groupe suivant en indiquant s'il s'agit d'un exemple d'enchaînement, de liaison (ou d'absence de liaison).**

   a. neuf ans   _____
   b. les hêtres   _____
   c. une héroïne   _____
   d. de mal en pis   _____
   e. en haut   _____

3. Dites si la liaison est possible entre le mot indiqué en caractères gras et le mot suivant.

a. un **bois** immense

b. **un** hôte

c. des **salles** à manger

d. **quand** arrivera-t-il?

e. un **ancien** ami

4. Complétez chaque transcription phonétique par le ou les son(s) qui manquent.

a. C'est [s__] amie.

b. La [mwaj__] est de 48,5%.

c. Regarde le [gRɑ̃__] ours!

d. Il est [di__] heures.

e. Elle le voit de [m____] en moins.

5. Plus spécifiquement, indiquez si le segment en caractères gras correspond à la prononciation [ɔ̃], [ɔn] ou [ɔ̃n] dans le contexte donné.

a. Un [d__] étonnant.

b. Quel [b__] ami!

c. [n__] et prénom, s'il-vous-plaît! .

d. Il est un [b__] à rien !

e. [__] a appelé la police.

6. Lesquels des groupes figés suivants se prononcent-ils toujours avec une liaison?

a. de haut en bas

b. nez à nez

c. chiens et chats

d. de plus en plus

e. Champs-Élysées

7. Transcrivez les phrases suivantes en n'indiquant que les liaisons obligatoires et interdites.

a. Il est allé au Japon avec Anne et un de ses amis anglais.

b. Vit-elle dans un hôtel de deux cent onze chambres?

c. Au Moyen Age, les héroïnes aimaient les héros valeureux.

CHAPITRE 12

LE E INSTABLE

Il n'est probablement pas d'autre voyelle dans le système phonique du français qui ait fait autant couler d'encre que la voyelle généralement appelée «e muet». Cette voyelle a reçu de nombreuses dénominations dont celles de «e féminin», de «e caduc» ou de «schwa». Nous préférons l'appellation «e instable» parce qu'elle reflète la caractéristique principale de ce son qui est de ne pas toujours être prononcé. En effet, contrairement aux autres voyelles du système, la réalisation du «e instable» dépend de certaines conditions, lesquelles seront explicitées dans ce chapitre.

12.1 REPRÉSENTATIONS GRAPHIQUES DU «E INSTABLE»

Dans une majorité de cas, le «e instable» correspond à la lettre «e» sans accent orthographique. Cette graphie se rencontre en plusieurs positions:
- en milieu de mot entre deux consonnes écrites (ex: «petit»; «repas»);
- en milieu de mot après un groupe consonantique de type «cr», «pr», «pl» etc.. et devant une autre consonne ou inversement (ex: «aveuglement»;)
- en fin de mot après voyelle (ex: «jolie»; «connue») ou après consonne(s) (ex: «contente», «chantes», «porte»). En cette position, elle caractérise la marque écrite du féminin pour de nombreux adjectifs et noms (ex: «gris» «grise»; «marchand» «marchande»..). En finale de mot, la graphie «e» correspond aussi aux terminaisons du présent indicatif et subjonctif pour les verbes comme «chanter», «danser», etc.
- dans les mots monosyllabiques «je», «me», «te», «le», «de», «ce», «ne» et «que».
- dans le préfixe «re-» suivi de «ss» (ex: «ressortir», «resserrer»...et dérivés) à l'exception des verbes «ressusciter» (/Resysite/) et «ressuyer» (/Resɥije/.
- dans le mot «dessus».

Il faut savoir, cependant, que pour tous les autres cas où elle est suivie d'une consonne double comme «ff», «ss», «rr».. ou du groupe «sc», la lettre «e» ne représente pas un «e instable». Dans les mots «effrayant» ou «terrible», la lettre «e» correspond à la voyelle /ɛ/.

PRATIQUE 1

Chacun des mots suivants contient un «e» sans accent: «revenir», «erreur», «mangerai», «lettre», «reçu», «effet» «levure», «cheveux».

Dans quels cas est-ce que la lettre «e» correspond à un «e instable»?

Le «e instable» peut aussi être représenté par la graphie «on» dans «monsieur» et par «ai» dans certaines formes conjuguées du verbe «faire» (ex: «nous faisons», «nous faisions», etc.).

12.2 RÉALISATIONS DU «E INSTABLE»

Représentation phonologique du «e instable»

Quand il est prononcé, le «e instable» tend à se réaliser phonétiquement plutôt comme un [œ] ou un [ø] que comme une voyelle «neutre» quant à l'aperture et à l'arrondissement des lèvres (Walter, 1990). En réalité, seul le contexte de la phrase permettrait de différencier «deux mains» de «demain» ([dømɛ̃]) ou «jeunet» de «genêt» ([ʒœnɛ]). Concernant la paire «jeunet» «genêt», Dell (1973:197) explique que ces deux mots doivent avoir une représentation phonologique différente: /ʒœnɛ/ («jeunet») et /ʒənɛ/ («genêt»).

La réalisation [œ] dans «genêt» dériverait du phonème /ə/ qui se distingue des autres voyelles par le fait qu'elle peut s'effacer ou, en d'autres termes, être réalisé par un zéro phonique ([ʒnɛ]). Pour sa part, Valdman (1993:178) préfère la représentation /E/ pour désigner cette voyelle «latente» qui, lorsqu'elle est prononcée, a un timbre identique à /ø/ et /œ/. Dans ce chapitre, le symbole /ə/ sera utilisé de préférence dans les transcriptions pour désigner ce phonème dont le comportement particulier la distingue des voyelles /œ/ et /ø/.

Réalisations phonétiques du «e instable»

Lorsqu'il est prononcé, le «e instable» est généralement réalisé [ø] en syllabe ouverte:

dis-le   [di-lø]

demain   [dø-mɛ̃]
je vois   [ʒø-vwa]

Le «e instable» peut aussi se trouver en syllabe fermée. Prenons, par exemple, la phrase «je ne pense pas» où, comme cela sera expliqué plus loin, le «e» de «je» sera prononcé alors que celui de «ne» pourra tomber. Dans ce cas, la phrase comprendra trois syllabes («je n'-pense-pas») au lieu de quatre («je-ne-pense-pas») et le «e» dans «je» se trouvera donc en syllabe fermée. En cette position, le «e instable» sera généralement réalisé [œ]: «je n'pense pas» [ʒœn-pɑ̃·s-pa].

Facteurs de variation

A l'exception des cas où la prononciation du «e instable» est absolument obligatoire ou interdite, le comportement de cette voyelle en français standard est très sensible à des facteurs d'ordre phonologique, rythmique et stylistique notamment. Il faut savoir, par exemple, qu'un style plus soutenu favorise la réalisation des «e instables». On prononce plus de /ə/ quand on lit un texte ou un discours que lorsque l'on parle à un ami. En outre, plus on parle vite, moins les /ə/ prononcés sont nombreux. Face à cette variabilité, il est difficile d'émettre des règles de prononciation absolues. Il y a, cependant, quelques cas où le «e instable» doit ou ne doit pas se prononcer. Pour le reste des cas, la fréquence de prononciation peut varier en fonction de nombreux facteurs.

12.3 CAS OÙ LE «E INSTABLE» NE SE PRONONCE JAMAIS

Devant une voyelle

Lorsqu'il est suivi d'un mot commençant par une voyelle, le «e instable» s'efface. Dans le cas des monosyllabes, la graphie va généralement refléter ce phénomène communément appelé **élision**: «l'artichaut», «l'argent», «j'arrive», «beaucoup d'exercice», etc..
   Dans d'autres cas, le «e instable» se maintient à l'écrit même s'il ne se prononce pas:
   une admirable amie [y-nad-mi-Ra-bla-mi]
   une ville admirable [yn-vi-lad-mi-Rabl]

Après une voyelle

Comme vous le savez déjà, le féminin de nombreux noms et adjectifs se forme à l'écrit par l'ajout du morphème représenté par la lettre «e». Lorsqu'elle se trouve après une voyelle (ex: finie, achevée, amie..), le «e instable» ne se prononce jamais.

A la fin d'un groupe rythmique

Lorsque le «e instable» se trouve à la fin d'un groupe rythmique après une ou deux consonnes, il ne se prononce pas:

mon grand frère	[mɔ̃-gRɑ̃-fRɛ:R]
la belle femme	[la-bɛl-fam]
Lis l'article!	[li-laR-tikl]

Notez que la réalisation du /ə/ en cette position marquerait une prononciation méridionale. On recommandera donc fortement à l'étudiant étranger de respecter cette règle.

12.4 CAS OÙ LE «E INSTABLE» SE PRONONCE TOUJOURS

Devant un mot commençant par un H aspiré

Il faut absolument prononcer /ə/ devant un mot commençant par un H aspiré ou devant les mots «un» et «onze». Cette règle s'applique notamment aux monosyllabiques dont «le», «ce», «de» et «ne». Si le H aspiré se trouve en position intervocalique, la même règle s'applique (ex: «dehors» [də-ɔ:R]).

⚡ D'AUTRES NOMS DÉBUTANT PAR H ASPIRÉ...

Tous ces noms sont de genre masculin:

hibou - homard - hamster - hanneton

haut - hautbois - héros - houx -

hors-d'oeuvre - hêtre - haricot

Le /ə/ sera donc prononcé dans les exemples suivants:

le homard	[lə-ɔ-ma:R]
le hibou	[lə-i-bu]
ce hêtre	[sə-ɛtR]
(un bouquet) de houx	[də-u]

Devant les noms féminins commençant par un H aspiré, l'article «une» sera prononcé [y-nø]:

| une harpe | [y-nø-aRp] |
| une hache | [y-nø-aʃ] |

PRATIQUE 2

Tous les mots suivants débutent par la lettre «h» : «hauteur», «héroïne», «harmonie», «hanche», «haie», «habitude».

Devant lesquels de ces mots prononcerez-vous [y-nø]?

Dans les monosyllabes en position accentuée

Les mots monosyllabiques sont généralement inaccentués. Cependant, «le» et «que» peuvent quelquefois être accentués. Dans ce cas, ils se prononcent [lø] et [kø]:

Lis-le!   [li-lø]
Parce que!   [paR-skø]

✍ NOTEZ BIEN..

«Le» dans «le chat» est un article défini. Par contre, dans «lis-le», il constitue un pronom.

De plus, dans l'expression «sur ce», «ce» est accentué et se réalise [sø].

12.5 CAS OÙ LE «E INSTABLE» SE PRONONCE TRÈS FRÉQUEMMENT

Devant les groupes /Rj/ /lj/ /mj/ /nj/ et /lɥi/

La prononciation de /ə/ devant les groupes /Rj/, /lj/, /mj/, /nj/ est très fréquente. Ces groupes se retrouvent notamment dans certaines formes de la conjugaison de l'imparfait ou du conditionnel présent de verbes comme «appeler», «chanter», «manger»..:

appelions   [a-pø-ljɔ̃]
chanterions   [ʃɑ̃-tø-Rjɔ̃]
mangeriez   [mɑ̃-ʒø-Rje]

Cependant, cette règle s'applique aussi à des noms:

chapelier   [ʃa-pø-lje]
sommelier   [sɔ-mø-lje]
râtelier   [Rɑ-tø-lje]
denier   [dø-nje]

On constate aussi que le /ə/ se maintient dans la forme «le» devant

le groupe /lɥi/:
    lis-le-lui   [li-lø-lɥi]

Dans la syllabe initiale d'un groupe rythmique

Si le «e instable» se trouve dans la première syllabe d'un groupe, il a tendance à être prononcé. Cependant, la fréquence de prononciation dépend beaucoup de l'environnement consonantique.

Après deux consonnes, la prononciation du /ə/ est quasi obligatoire:

Prenez-en!   [pRø-ne-zɑ̃]
Gredin!   [gRø-dɛ̃]

On peut dire la même chose des cas où /ə/ est précédé et suivi par le même son consonantique:

Je jouerai   [ʒø-ʒu-Re]
Le loup   [lø-lu]
Que cries-tu? [kø-kRi-ty]

Si /ə/ n'est précédé que d'une seule consonne, plusieurs cas peuvent se présenter :

– on prononce fréquemment /ə/ lorsqu'il suit une consonne occlusive:

     Que dis-tu?   [kø-di-ty]
     Ne passe pas!   [nø-pas-pa]
     Te voit-il?   [tø-vwa-til]

– si la deuxième syllabe contient un «e instable», le /ə/ de la syllabe
   initiale sera généralement prononcé, notamment dans les groupes
   figés «je ne», «je le», «de ne», «ne le»:

     Je ne vois pas   [ʒœn-vwa-pa]
     Ne le donne pas [nœl-dɔn-pa]

PRATIQUE 3

Soit les groupes: «ce sac», «ne pas fumer», «le luxe», «de longue date».

Les «e instables» en caractères gras seront prononcés. Pourquoi?

Au milieu d'un mot entre plus de deux consonnes

A la fin du XIXème siècle, le linguiste Maurice Grammont formula une règle appelée «**loi des trois consonnes**» selon laquelle le «e insta-

ble» devrait se prononcer pour «éviter la rencontre de trois consonnes». Il se trouve que beaucoup trop d'exemples viennent con-
tredire la règle ainsi formulée. On pourra, en effet, entendre:

appartement   [a-part-mɑ̃]
Vous le classez   [vul-kla-se]

Pour rendre compte de ces exemples, il faudrait apporter une première précision à la règle: un «e instable» qui se trouve **en milieu de
mot ou de groupe** se maintiendra pour éviter la rencontre, **au sein de
la même syllabe,** d'un groupe consonantique de trois consonnes ou
plus qui n'est pas acceptable en français.

Ainsi on devrait prononcer le «e instable» dans les exemples suivants:

rassemblement   [Ra-sɑ̃-blø-mɑ̃]
porte-plume   [pɔ·R-tø-plym]
Quel horrible cas   [kɛl-ɔ-Ri-blø-ka]
vendredi soir   [vɑ̃-dRø-di-swa:R]

PRATIQUE 4

Voici des mots contenant un «e instable» : «développe-
ment», «Grenoblois», «sauvetage», «sacrement».

Lesquels des «e instables» internes devraient être prononcés en vertu de la «loi des trois consonnes»?

Les facteurs rythmiques influencent aussi l'application de la «loi
des trois consonnes» (Valdman, 1993: 187). On dira, par exemple,
«porte-clés» ([pɔ·R-tø-kle]) et carte bleue ([ka·R-tø-blø]) mais «porte-
manteau»([pɔ·Rt-mɑ̃-to]) et «carte postale» ([ka·Rt-pɔs-tal]).

L'explication en est que dans les groupes rythmiques de type mots-
composés (ex: «porte-clés», «porte-manteau»..) ou syntagmes nom-
inaux (ex: «carte bleue», «carte postale»..) le /ə/ sera plus fréquemment
prononcé si la syllabe qui le suit est la dernière syllabe du groupe rythmique comme c'est le cas pour «porte-clés» et «carte bleue».

12.6 CAS OU LE «E INSTABLE» SE PRONONCE RAREMENT

Dans la syllabe initiale après /s/ ou /ʒ/

Après les sons /s/ («ce», «se») ou /ʒ/ («je») et devant une occlusive, /ə/
tombe souvent:

Ce qu'il dit..   [skil-di]

ce matin   .   [sma-tɛ̃]
je pars   [ʒpa:R]

Dans la deuxième syllabe de certains groupes figés

Un groupe peut comprendre plusieurs syllabes contenant un «e instable». D'une façon générale, si le premier /ə/ se prononce, le deuxième
n'est pas prononcé. Si le premier /ə/ se trouve en syllabe initiale, ce
principe s'applique (voir 12.5). Cependant, dans les cas de «je te», «ce
que», «parce que», c'est le deuxième «e instable» qui se prononce:

je te dis la vérité   [ʃtø-di-la-ve-Ri-te]
ce que tu me dis   [skø-tym-di]

Dans le cas où il y a une série de plusieurs «e instables», la prononciation de ceux-ci est alternée comme ceci est illustré dans le groupe
«ce que tu me dis» qui contient trois «e instables».

Après une consonne dans une syllabe interne

Quand /ə/ se trouve par une syllabe à l'intérieur d'un mot ou d'un
groupe, il est rarement prononcé s'il est précédé d'une seule consonne:

facilement   [fa-sil-mɑ̃]
samedi   [sam-di]
tu le vois   [tyl-vwa]
Pas de temps   [pad̪-tɑ̃]

Comme le montrent ces exemples, la consonne qui est devant /ə/ se
rattache à la syllabe ouverte qui précède. De ce fait, la non-prononcia-
tion du /ə/ est possible même si cela entraîne le rapprochement de deux
consonnes semblables:

Nous le lisons   [nul-li-zɔ̃]
Tu me manques   [tym-mɑ̃:k]
là-dedans   [lad-dɑ̃]

12.7 QUELQUES CONSIDÉRATIONS SUR LES GÉMINÉES

Caractéristiques articulatoires des géminées

Comme on vient de le voir, l'effacement du «e instable» peut entraîner
la rencontre de deux consonnes identiques. On parle dans ce cas de
consonnes **doubles** ou de **géminées**.

Du point de vue articulatoire, la géminée est produite par deux
efforts articulatoires: après l'émission de la première consonne, l'effort articulatoire est repris pour prononcer la deuxième consonne.

PRATIQUE 5

Pour vous aider à comprendre, prononcez les deux courtes phrases suivantes :

tu le lis [tyl-li]

tu ne notes pas [tyn-nɔt-pa]

De ce point de vue, la consonne double se différencie de la consonne longue. Par exemple, si vous voulez mettre l'emphase sur le fait que quelque chose est «merveilleux», vous allongerez la consonne initiale /m/ en produisant un unique effort articulatoire ([m:]). Ceci n'est pas le cas, comme on l'a dit, de la géminée.

La valeur des géminées en français

Dans quelques cas, la géminée permet de faire une différence dans le message. Par exemple, la géminée sera la seule distinction entre l'imparfait de «courir» («courais» [kuRɛ]) et son conditionnel («courrais» [kuRRɛ]) ou encore, entre la forme «il a dit» ([i-la-di]) et «il l'a dit» ([il-la-di]). On dit que, dans ce cas, la géminée a une valeur distinctive.

Cependant, ce n'est pas toujours le cas. Si vous prononcez le mot «immonde» avec une géminée ([im-mɔ̃d]), c'est avant tout pour créer un effet de style. Du point de vue du sens, le mot «immonde» prononcé avec une géminée ou le mot «immonde» prononcé sans géminée signifieront la même chose. De nombreux mots qui sont orthographiés avec des lettres doubles («imm», «ill», ...) se prêtent à une prononciation géminée. On peut, par exemple, citer «illettré», «pommier», «Hollande», «irresponsable».....

PRATIQUE 6

Prononcez les mots suivants, tout d'abord avec la consonne simple, ensuite avec la géminée:

irrespirable - immense - illisible-

EXERCICES

1. Dans un des mots suivants, le «e» en caractères gras n'est pas un «e instable». De quel mot s'agit-il?

a. tenue   b. terre   c. refaire   d. commandement

e. petit   f. peler   g. fille   h. me

2. Pour chaque phrase transcrite, expliquez pourquoi le «e insta-ble» est ou n'est pas prononcé.

a. Nous serions chez le docteur s'il n'y avait pas de tempête de neige.

[nusøRjɔ̃ʃɛldɔktœ·Rsilnjavepadtɑ̃pɛtdønɛʒ]

b. C'est vendredi, dans le magasin, que la robe à pois d'Aline s'est déchirée.

[sɛvɑ̃dRødidɑ̃lmagazɛ̃kølaRɔbapwadalinsɛdeʃiRe]

3. Transcrivez les groupes suivants.

a. le héros   _____

b. le lit   _____

c. Je le vois   _____

d. Que c'est beau   _____

e. la grenadine   _____

4. Certaines des transcriptions suivantes sont erronées. Corrigez la transcription si nécessaire.

a. «une haine» [ynɛn]   _____

b. «danseriez» [dɑ̃søRje]   _____

c. «lâche-le» [laʃlø]   _____

d. «que dis-tu» [kdity]   _____

e. «ce que tu dis» [skøtydi]   _____

5. Trouvez la forme orthographique correspondant aux transcrip-tions phonétiques suivantes et dites si la géminée a une valeur phonémique (distinctive) ou une valeur stylistique.

a. [laddɑ̃]   _____

b. [illøsɛ]   _____

c. [illyzwa:R]   _____

d. [tymmɑ̃]   _____

e. [immɑ̃s]   _____

GLOSSAIRE FRANÇAIS-ANGLAIS
DES TERMES UTILISÉS

A

accent	stress
accentuation	accentuation; stress **— d'insistance:** emphatic stress
accentué,e	stressed
allongement	lengthening
allophone	allophone
alvéolaire	alveolar
amuïssement	loss; deletion
antérieur,e	front **voyelle —** : front vowel
antériorité	frontness
anticipation	anticipation
aperture	opening; aperture **degré d'—** : degree of aperture
apex	(tongue) tip; apex
apical, e	apical
apico-	apico-
appareil phonatoire	vocal tract
arrondi, e	rounded
arrondissement	(lip) rounding

articulation	articulation **mode d'—:** manner of articulation
aryténoïde	arytenoid cartilage
aspiration	aspiration
aspiré, e	aspirated
assimilation	assimilation **— à distance:** distant assimilation **— complète :** total assimilation **— double:** double assimilation **— de contact:** contiguous assimilation **— partielle:** partial assimilation **— progressive:** progressive assimilation **— régressive:** anticipatory or regressive assimilation
assourdir	devoice (to)
atone	unstressed

B

base articulatoire	articulatory basis
bilabial	bilabial
binaire	binary
bref, brève	short
bronche	bronchial tube

C

cavité	cavity **— buccale:** oral cavity **— nasale:** nasal cavity **— pharyngale:** throat; pharynx
chaîne parlée	speech chain
chevauchement	overlapping
co-articulation	coarticulation

combinatoire	combinatory
	phonétique —: combinatory phonetics
conduit vocal	vocal tract
consonantique	consonantal; consonant (adj)
constriction	constriction; stricture
cordes vocales	vocal cords
cricoïde	cricoid
croissant, e	rising

D

débit	rate; flow
	— lent: slow speech
	— rapide: rapid speech
démarcatif, ve	demarcative.
détente	release
diacritique	diacritic
diaphragme	diaphragm
diphtongue	diphthong
distinctif, ve	phonemic; contrastive; distinctive
durée	length; duration

E

élision	elision
enchaînement	concatenation; linking
épiglotte	epiglottis
expiration	expiration; exhaling
expiratoire	expiratory

F

faible   lenis
              consonne —: lenis consonant

fort,e   fortis; strong
              consonne —: fortis consonant

frontière   boundary
              — syllabique: syllable (syllabic) boundary
              — de mot: word boundary

fréquence   frequency

G

géminée   geminate consonant; double consonant

glotte   glottis

groupe   group; cluster
              — rythmique: rhythmic group
              — de souffle: breath group
              — consonantique: consonant cluster

H

harmonisation vocalique   vocalic harmony

homophone   homophonous

homorganique   homorganic

I

inaccentué,e   unstressed

inspiration   inspiration; inhaling

instable   unstable
              e —: schwa; unstable e

intensité   intensity

intercostal   intercostal (muscles)

intervocalique intervocalic

intonation	intonation — **descendante:** descending intonation — **montante:** rising intonation
intonatif, ve	intonation(al) **patron —:** intonation(al) pattern
intonème	intoneme

J

K

L

labial, e	labial
labialisé, e	labialized; rounded
labiodental,e	labiodental
labiovélaire	labiovelar
langue	tongue
larynx	larynx
latéral,e	lateral
lèvres	lips
liaison	liaison
luette	uvula

M

mâchoire	jaw
mélodie	melody; intonation
mélodique	melodic
modulation	modulation
muet,te	silent; mute **consonne— :** silent (mute) consonant

N

nasal, e	nasal
nasalisé, e	nasalized
nasaliser	nasalize (to)

O

occlusive	stop; occlusive
occlusion	occlusion; closure
oral, e	oral; non nasal

P

Q

paire minimale	minimal pair
palais	palate — **dur:** hard palate — **mou:** soft palate; velum
palatalisation	palatalization
phonation	phonation
phonatoire	articulatory; speech **organe** —: speech organ **appareil** —: vocal apparatus; vocal tract
phonème	phoneme
phonétique	phonetics
phonologie	phonology
postérieur,e	back **voyelle** —: back vowel
proéminence	prominence
prosodie	prosody
prosodique	prosodic

qualité quality
— **vocalique:** vowel quality

R

S

résonateur resonator

rythme rhythm

semi-voyelle glide

sonoriser voice (to)

sourd,e voiceless

syllabation syllabification
— **ouverte:** open syllabification

syllabe syllable
— **fermée:** closed syllable
— **ouverte:** open syllable
noyau de — : syllable nucleus

syllabique syllabic

T

tendu, e tense

tension tenseness; tension

thyroïde thyroid cartilage

timbre timbre; quality
— **vocalique:** vowel quality
— **de la voix:** voice quality

tilde tilde

tonique stressed

trachée artère trachea

trait feature

V

vocalique	vocalic; vowel
vocoïde	vocoid; vowel
voisé,e	voiced
voisement	voicing; voice
voisin,e	neighbouring
voyelle	vowel — **à double timbre:** mid-vowel — **fermée :** high or closed vowel — **ouverte:** low or open vowel — **mi-fermée :** upper-mid vowel — **mi-ouverte:** lower-mid vowel

Z

zone d'articulation	point of articulation; place of articulation

BIBLIOGRAPHIE

Battye, A. et M.A. Hintze (1992) *The French Language Today*, London:Routledge

Boë, L.J. et J.P. Tubach (1992) *De A à Zut. Dictionnaire phonétique du français parlé*, Grenoble:ELLUG

Carton, F. et al (1983) *Les accents des Français*, Paris:Hachette

Delattre, P.(1953) Les modes phonétiques du français. Dans *The French Review* XXVII,1, 59-63

Delattre, P. (1965) *Comparing the Phonetic Features of English, German, Spanish and French*, Heidelberg:Julius Groos Verlag

Dell, F. (1973) *Les règles et les sons,* Paris:Hermann

Di Cristo, A. (1981) Aspects phonétiques et phonologiques des éléments prosodiques. Dans *Modèles linguistiques*, Tome III, Fasc.2, Lille:PUL

Dubois, J. et al. (1994) *Dictionnaire de linguistique et des sciences du langage*, Paris:Larousse

Germain, C. et R. Leblanc (1981) *Introduction à la linguistique générale, 1: la phonétique*, Montréal: Presses de l'Université de Montréal

Germain-Rutherford, A. (1995) *Petit manuel d'introduction à la transcription phonétique*, Toronto: Canadian Scholars'Press

Gueunier, N. et al. (1978) *Les Français devant la norme*, Paris:Champion

Guimbretière, É. (1994) *Phonétique et enseignement de l'oral*, Paris:Didier

Léon, P., P. Bhatt et R. Baligand (1989) *Structure du français moderne*, Toronto: Canadian Scholars' Press.

Léon, P. (1966) *Prononciation du français standard*, Paris:Didier

Léon, P. (1992) *Phonétisme et prononciations du français*, Paris:Nathan

Lepetit, D. (1992) *Intonation française*, Toronto: Canadian Scholars' Press

Lucci, V. (1983) *Étude phonétique du français contemporain à travers la variation situationnelle*, Grenoble:Publication de l'université des langues et des lettres

MacKay, I. (1989) *Phonetics and Speech Science: A bilingual Dictionary*, New York:Peter Lang

Marchal, A. (1980) *Les sons et la parole*, Montréal:Guérin

Martinet, A. et H. Walter (1973) *Dictionnaire de la prononciation française dans son usage réel*, Paris:Expansion

Malécot, A. et M. Richman (1973) Optional Word-final consonants in French. Dans *Phonetica*, Vol.26, no2, 65-88.

Malécot, A. (1975) French Liaison as a Function of Grammatical, Phonetic and Paralinguistic variables. Dans *Phonetica*, Vol.32, no3, 161-179.

Malmberg, B. (1976) *Phonétique française*, Lund:Liber Laromedel

Mougeon, F. (1995) *Quel français parler?* Toronto:Éditons du GREF

Pullum, G. et W. Ladusaw (1986) *Phonetic Symbol Guide*, Chicago:University of Chicago Press

Rogers, H. (1991) *Theoretical and Practical Phonetics*, Canada: Copp Clark Pitman

Rossi, M. et al. (1981) *L'intonation*, Paris: Klincksieck

Sanders, C. (dir.) (1993) *French Today*, Cambridge: Cambridge University Press

Valdman, A. (1993) *Bien entendu! Introduction à la prononciation française*, Prentice-Hall

Walter, H. (1977) *Phonologie et société*, Montréal: Didier

Walter, H. (1982) *Enquête phonologique et variétés régionales du français*, Paris:PUF

Walter, H. (1988) *Le français dans tous les sens*, Paris:Laffont

Walter, H. (1990) Une voyelle qui ne veut pas mourir. Dans J.Green et W. Ayres-Bennett (dir.) *Variation and Change in French*, London: Routledge, 27-36

Yaguello, M. (1991) *En écoutant parler la langue*, Paris:Seuil

Zink, G. (1991) *Phonétique historique du français*, Paris:PUF, 3ème édition

CORRIGÉ DES EXERCICES

CHAPITRE 1

1. a. /n/-/ɲ/   b. /ɑ̃/-/a/   c. /z/-/d/   d. /d/-/R/   e. /m/-/v/.

2. a. /lytɛ̃/   b. /gɑto/   c. /tɔ̃be/   d. /kɑ̃guRu/   e. /as/

3. a. /pɛ̃/   b. /bɔl/ /kafe/ /lɛ/   c. /sœR/ /pyl/
   d. /fij/ /bɔ̃bɔ̃/ /mɑ̃t/   e. /kuR/ /fɔnetik/ /lynivɛRsite/

4. Le loup a mangé les moutons.

5. a. lire-lyre b. ville-vil(e) c. raie-rai   d. tante-tente c. sûr(e)-sur

6. a. F   b. F   c. V   d. F   e. V

CHAPITRE 2

1. a. /ka-pRi-sjø/   b. /a-dRwat/   c. /stRɛ-sɑ̃/   d. /tRa-va-jœR/
   e. /ak-sjɔ̃/

2. /pɔ-la-e-kRi-yn-lɛ-tRa-sa-ku-zin-kaR-mɛn-jɛR-swaR/

3. a. /k/   b. /j/   c. /s/   d. /t/   e. /ʃ/
   f. /z/   g. /R/   h. /p/   i. /b/   j. /n/

4. a. tout   b. tous   c. bulles   d. chevaux   e. trop

5. a/4 - b/5 - c/2 - d/3 - e/1

6. a. /fɔRt/   b. /gRiz/   c. /bɛl/   d. /epɛs/   e. /malin/

CHAPITRE 3

1. a. planta**tion**   b. la grande planta**tion**   c. la grande planta**tion**
de canne à **sucre**   d. panier   e. un panier d'o**sier**
f. Elle **porte** un panier d'o**sier**

2. Voici quelques exemples de réponses:
   a. L'équipe anglaise/ a gagné/
      Les Dumarchais/ sont partis/
   b. Jacques Blanc/ est français/
      La pomme/ est un fruit/
   c. Les enfants/ aiment le gâteau/
      Alexandre/ écrit des vers/

3. a. V   b. F   c. F   d. V

4. Les quatre énoncés présentent respectivement des contours
   impératif, déclaratif, interrogatif et déclaratif.

CHAPITRE 4

1. a. F   b. V   c. F   d. F   e. V

2. a. pharyngite b. laryngoscope c. trachéite   d. laryngée
   e. sous-glottique

3. Les cordes vocales vibrent toujours pendant la production des
   voyelles ce qui n'est pas le cas pour les consonnes qui peuvent
   être voisées ou non voisées.

4. Les organes de la phonation participent aussi aux fonctions
   biologiques de respiration et de digestion. La trachée artère, les
   poumons et le diaphragme sont, par exemple, des organes de l'appareil respiratoire alors que la bouche (ou cavité buccale) fait partie
   de l'appareil digestif.

5. a. cartilage   b. épiglotte   c. trachée artère
   d. (le) pharynx   e. cavité ; résonateur

6. a. féminin   b. masculin   c. masculin   d. masculin
   e. masculin

CHAPITRE 5

1. Les transcriptions correspondent aux mots suivants:
   a. pull   b. pile   c. poule   d. balle/bal   e. boule
   f. bulle   g. Line1   h. laine   i. les

2. a/2 - b/5 - c/4 - d/1 - e/3

3. a. /i/   b. /ɔ̃/   c. /ɑ̃/   d. /o/   e. /e/

4. a. /i/   b. /y/   c. /u/   d. /ø/   e. /ɛ̃/
   f. /e/   g. /ɛ/   h. /i/   i. /y/   j. /i/

5. a. août/houx   b. paix/(je) paie   c. mer/mère
   d. sot/seau ou saut   e. saoûl/sou(s) ou sous (préposition)

6. a. voeu /vø/   b. noeud /nø/   c. boeufs /bø/[2]   d. oeufs /ø/[3]

7. a. i   b. ï   c. y   d. î

CHAPITRE 6

1. Les transcriptions correspondent aux mots suivants:
   a. plate   b. raté(e)   c. donne   d. creux   e. table   f. blé

2. a. /ɲ/   b. /v/   c. /s/   d. /g/   e. /w/

3. a. /ʒ/   b. /k/   c. /s/   d. /z/   e. /s/

4. a. asthme (/asm/)

5. a. thon/ton   b. wagon/(nous) vaguons   c. cite/site
   d. sang/cent   e. car/quart

6. d. taxi (/taksi/)

---

1. Line (ou Lyne) est un prénom qui apparaît souvent dans des prénoms composés comme Marie-Line.
2. Pluriel de «boeuf» (/bœf/).
3. Pluriel de «oeuf» (/œf/).

7. a. non (/skylte/   b. non (/kRo/)   c. oui (/takt/)
   d. oui (/psikɔlɔg/)   e. non (/sɛtjɛm/)

8. a. /ɛgzãpl/   b. /foto/   c. /mat/   d. /swasãt/   e. /eʒipt/

9. Le son /f/ peut s'écrire «f» (feuille, félin..) ou «ph» (pharmacie, photographie..).

CHAPITRE 7

1. a. côte-cotte   b. Paule-Paul   c. thé-taie   d. épais-épée
   e. jeune-jeûne

2. a. /ɛ/   b. /œ/   c. /o/   d. /ø/   c. /ɔ/

3. a. /ɔ/ («sotte»)   b. /ɔ/ («téléphone») /o/ («Rose»)
   c. /o/ («saules»)   d. /ɔ/ («comme») /ɔ/ («bonne»)
   e. /ɔ/ («robe») /o/ («mauve»)

4. a. /e/ («j'ai»), /e/ («thé»), /ɛ/ («buffet»)
   b. /ɛ/ («aiment»), /ɛ/ («baie»)
   c. /ɛ/ («prenait»), /e/ («café»)
   d. /ɛ/ («minaret»)
   e. /ɛ/ («belle»), /e/ («vallée»)

5. a. Dans [døzjɛm] («deuxième»), la voyelle inaccentuée se prononce [ø] par analogie avec le mot d'origine «deux».
   b. Le mot «têtu» peut se prononcer [tety] par analogie avec «tête» (/tɛt/) ou [tety] avec harmonisation vocalique. Dans [tety], en effet, [y] exerce une action fermante sur la voyelle [ɛ].
   c. La voyelle [ɔ] s'explique par le fait qu'il s'agit d'une syllabe ouverte inaccentuée dans un mot non-dérivé.
   d. La voyelle [ɔ] se trouve en syllabe fermée.
   e. Le timbre fermé [o] (au lieu de [ɔ]) s'explique par la présence du son [z] après la voyelle.

6. a. fosse-fausse   b. près-prêt   c. allée/allé(e) ou aller
   d. pot-peau   e. col-colle (nom ou verbe)

CHAPITRE 8

1. Les transcriptions correspondent aux mots suivants:
   a. pont   b. paon   c. pin ou pain
   d. brun   e. brin   f. bon ou bond

2. a. /ɔn/   b. /ɛ̃/   c. /ɑ̃/   d. /wɛ̃/   e. /in/

3. C'est le mot «tempo» qui se prononce /tɛ̃po/ ou /tɛmpo/

4. C'est le mots «temps».

5. C'est le mot «nomme» qui se prononce /nɔm/.

6. a. tant   b. temps   c. bonds   d. bons   e. tons

7. a. «soin» /swɛ̃/   b. «an» /ɑ̃/   c. «fin» /fɛ̃/   d. «sain» /sɛ̃/
   e. «don» /dɔ̃/

8. a. Rome/rhum   b. thon/ton   c. vin/vingt (ou vain)
   d. dent/dans   e. sein/saint (ou sain, seing, cinq⁴)

CHAPITRE 9

1. Les transcriptions correspondent aux mots suivants:
   a. puis (ou puits)   b. nuage   c. fruité   d. brillant
   e. Louis   f. poisson   g. prouesse   h. cahier

2. a/3 - b/4 - c/5 - d/1 - e/2

3. a. /pwa/   b. /wistiti/   c. /pwɛt/   d. /klue/   e. /mwal/

4. Les mouettes s'envolent dans le ciel bleu.

5. a. /pjetɔ̃/   b. /pRije/   c. /vwajɔ̃/   d. /sykRije/   e. /kRɛjɔ̃/

6. a. /flɥid/   c. /bRuje/   d. /plɛdwaRi/ e. /tRavajjɔ̃/

---

4. «Cinq» ne se prononce /sɛ̃/ que devant un nom commençant par une consonne
   (èx: cinq fois /sɛ̃fwa/).

7. a. poil/poêle   b. lui/luit (du verbe «luire»)
   c. noix/ noua (du verbe «nouer»)   d. Lyon/lion   e. watt/ouate

CHAPITRE 10

1. a. Assimilation progressive de sourdité (partielle). Le son [p] assourdit le son [l]. Il s'agit du mot «plateau».
   b. Assimilation régressive de sonorité (complète). Le son [z] s'explique par une sonorisation du son [s] (/laksism/) par le son [m]. Le mot s'orthographie «laxisme».
   c. Assimilation régressive de sonorité (complète). Dans le mot «anegdote», le son [g] résulte d'une sonorisation complète du [k] (/anɛkdɔt/) par le son [d].
   d. Assimilation rétro-progressive de sourdité. Celle-ci est complète dans le cas de [ʃ] qui résulte de l'assourdissement de [ʒ] dans «je» dont le «e» n'est pas prononcé («j(e) prie»). Dans le cas de [R], l'assimilation progressive de sourdité est partielle. Le son [p] assourdit le son [R].
   e. Assimilation régressive de sourdité (complète). Le son [p] résulte de l'assourdissement du [b] (/ɔbtəny/ «obtenu») par le son [t].
   f. Assimilation régressive de nasalité (partielle). L'occlusive [t] est nasalisée par le son nasal [n] avec lequel il est en contact par suite de la non prononciation du «e» dans «maint(e)nu». Dans cet exemple-ci, l'environnement nasal précédant la consonne [t] crée, sans aucun doute, une forte possibilité d'assimilation.

2. a. Dans le mot «porter», on note un demi-allongement de la voyelle [ɔ] sous l'effet de la consonne allongeante [R].
   b. Le mot «laisser» prononcé [lese] est un exemple d'harmonisation vocalique. La voyelle du radical du verbe [ɛ] ([lɛs]) est fermée par la voyelle accentuée fermée [e].
   c. Dans le mot «prise», on note un allongement complet de la voyelle accentuée [i] par la consonne allongeante [z].
   d. Le mot «leurré» prononcé [løRe] illustre un cas d'harmonisation vocalique. La voyelle du radical du verbe [œ] ([lœR]) est fermée par la voyelle accentuée fermée [e].
   e. La voyelle [œ] de «fleur» dans le syntagme «fleur bleue» est allongée par la consonne allongeante [R] qui la suit. Il s'agit d'un demi-allongement car la voyelle est atone.

f. Le mot «aidé» prononcé [ede] est un exemple d'harmonisation vocalique. La voyelle du radical du verbe [ɛ] ([ɛd]) est fermée par la voyelle accentuée fermée [e].

3. Dans les trois exemples cités, les consonnes en caractères gras partagent le même trait de sonorité. Dans (a), les deux consonnes sont sourdes alors que dans (b) et (c), elles sont toutes les deux sonores.

4. a. absous (Participe passé de «absoudre»)   b. tasse de thé
   c. svelte   d. subsister   e. asthme

5. a. [tyRøga • RdløbatokipR̥ãlamɛ:R]
   b. [kã ʒpa:Rlilmekut]
   c. [mɛ̃nãilpl̥ø]
   d. [ilapɛ•Rdlekl̥edykadna]

6. a. nasaliser
   b. allongeantes
   c. régressive
   d. forte
   e. sonorise

CHAPITRE 11

1. a. [po-vRø-za-mi]   [z] est consonne de liaison.
   b. [yn-gRo-sa-Rɛ-ɲe]   [s] marque un enchaînement.
   c. [ɛ̃-sœ-lɔm]   [l] marque un enchaînement.
   d. [kã-til-plø]   [t] est consonne de liaison.
   e. [ply-zy-til]   [z] est consonne de liaison.

2. a. [nœvã] (liaison)
   b. [leɛtR] (absence de liaison)
   c. [yneRɔin] (enchaînement)
   d. [dømalãpi] (enchaînement)
   e. [ão] (absence de liaison)

3. a. liaison interdite
   b. liaison obligatoire
   c. liaison interdite
   d. liaison interdite

e. liaison obligatoire entre ancien et ami ainsi qu'entre un et ancien.

4. a. [ɔ̃n] ([sɔ̃n])
   b. [ɛn] ([mwajɛn])
   c. [t] ([gRɑ̃t])
   d. [z] ([diz])
   e. [wɛ̃z] ([mwɛ̃z])

5. a. [ɔ̃] ([dɔ̃])   b. [ɔn] ([bɔn])
   c. [ɔ̃] ([nɔ̃])   d. [ɔ̃] ([bɔ̃])
   e. [ɔ̃n]

6 a. de haut‿en bas [døotɑ̃ba]
  d. de plus‿en plus [døplyzɑ̃ply] ou [døplyzɑ̃plys] (en finale)
  e. Champs-‿Élysées [ʃɑ̃zelize]

7. a. Il est allé au Japon avec Anne et\ un de ses‿amis anglais.
   [ilɛaleoʒapɔ̃avɛkaneɛ̃døsezamiɑ̃glɛ]

   b. Vit-elle dans‿un‿hôtel de deux cent\ onze chambres?
   [vitɛldɑ̃zɛ̃nɔtɛldødøsɑ̃ɔ̃.zʃɑ̃:bR]

   c. Au Moyen‿Age, les‿héroïnes aimaient les\ héros valeureux.
   [omwajɛnɑ:ʒlezeRɔinɛmɛle'eRovaløRø]

CHAPITRE 12

1. Il s'agit du mot «terre» /tɛR/.

2. Phrase a. [sø-Rjɔ̃]   Le «e instable» est prononcé car il est
   suivi de la suite [Rj].

[ʃɛl-dɔk-tœ.R] Le «e instable» dans l'article «le» ne se prononce pas car cela n'entraîne pas la présence d'un groupe consonantique inacceptable au sein de la même syllabe. En effet, la frontière syllabique se trouve entre les consonnes [l] et [d].

[pad-tɑ̃-pɛt] Le «e instable» dans «de» ne se prononce pas pour les mêmes raisons que dans l'exemple précédent. Dans ce cas, la frontière syllabique se trouve entre les consonnes [d] et [t].

[tɑ̃-pɛt-dø-nɛ:ʒ] Le «e instable» dans «de» se prononce ici pour éviter la présence d'un groupe consonantique inacceptable en fin ou début de syllabe. En effet, la coupure syllabique ne pourrait se trouver ni après [d] ([tɑ̃-pɛtd-nɛ:ʒ]) ni avant [d] ([tɑ̃-pɛt-dnɛ:ʒ]) car les groupes [td] et [dn] ne sont pas acceptables ni en début ni en fin de syllabe.

[nɛ:ʒ] Le «e instable» n'est pas prononcé en fin de groupe rythmique après une consonne.

Phrase b.
[vɑ̃-dRø-di] Le «e instable» se prononce afin d'éviter la rencontre de 3 consonnes ([dRd]) au sein de la même syllabe.

[dɑ̃l-ma-ga-zɛ̃] Le «e instable» dans l'article «le» ne se prononce pas car cela n'entraîne pas la présence d'un groupe consonantique inacceptable au sein de la même syllabe. En effet, la frontière syllabique se trouve entre les consonnes [l] et [m].

[kø] Le «e instable» se prononce fréquemment après une consonne occlusive.

[la-Rɔ-ba-pwa] Le «e instable» ne se prononce pas à la fin de «robe» car il est suivi d'une voyelle.

[da-lin] Le «e instable» n'est pas prononcé en fin de groupe rythmique après une consonne.

3. a. le héros   [lø-eRo]
   b. le lit   [lø-li]
   c. Je le vois [ʒœl-vwa] ou [ʒø-lø-vwa]
   d. Que c'est beau [kø-sɛ-bo]
   e. la grenadine [la-gRø-na-din]

4. a. [y-nø-ɛn]
   d. [kø-di-ty]

5. a. là-dedans (valeur distinctive - s'oppose à /ladɑ̃/ «la dent»)
   b. il le sait (valeur distinctive- s'oppose à /ilsɛ/ «il sait»)
   c. illusoire (valeur stylistique - /ilyzwaR/ et /illyzwaR/ ont le même sens)
   d. Tu me mens (valeur distinctive - s'oppose à /tymɑ̃/ «tu mens»)

e. immense (valeur stylistique - /imãs/ et /immãs/ ont le même
  sens)

CORRIGÉ DES PRATIQUES

CHAPITRE 1

Pratique 1   des-les (/de/-/le/)
sot-son (/so/-/sɔ̃/) ou sot-beau (/so/-/bo/)
ton-son (/tɔ̃/-/sɔ̃/)
mal-balle (/mal/-/bal/)

Pratique 2   Un rhume ou une consommation excessive de boissons alcooliques peuvent affecter la prononciation.

Pratique 3   Ces trois mots contiennent le mot grec *phônê* qui signifie «son de la voix, voix». Le terme «phonème» est emprunté au grec *phônêma* («son de voix», «parole, discours») tandis que «phonétique» vient de *phônêtikos* («qui concerne le son ou la parole»). Quant au mot «phonologie», il est formé de *phônê* et *logia* («théorie»).

CHAPITRE 2

Pratique 6   Les mots «suite» (/sɥit/) et «classe» (/klas/) sont des exemples de syllabes fermées. Les mots «voeu» (/vø/) et «mot» (/mo/) sont formés d'une syllabe ouverte.

Pratique 7   En français, les groupes consonantiques /Rp/, /lp/, /lk/ et /fRj/ ne se rencontrent pas en début de mot. Par contre, on trouve des mots commençant par les groupes /skl/ («sclérose», «scléroser», «sclérotique»,..), /stR/ («strict», «strate», «stratège», «stress»...), /spl/ («splendeur», «splendide», «spleen»...), /dRw/ («droite», «droiteur»...).

Pratique 8   La consonne finale se prononce seulement dans les mots
               «cap» (/kap/) et «album» (/albɔm/).

Pratique 9   La prononciation ou la non prononciation de la con-
               sonne finale peut indiquer le nombre (singulier/pluriel)
               du mot. Dans «boeufs» (/bø/), la consonne finale est
               muette ce qui permet d'opposer «boeufs» au nom sin-
               gulier «boeuf» (/bœf/). La forme verbale «vivent»
               (/viv/) s'oppose à «vit» (/vi/), 3ème personne du singuli-
               er de «vivre». Le cas des mots «écrit» (/ekRi/) et «gris»
               (/gRi/) est différent: la consonne finale ne se prononce
               pas car il s'agit de formes au masculin et non de formes
               au féminin. Par contre, le /d/ final dans «laide» (/lɛd/)
               indique le féminin de l'adjectif dont le masculin est
               «laid» (/lɛ/).

CHAPITRE 3

Pratique 2   Le petit chat gris boit du lait.

               Les enfants aiment la glace.

Pratique 3   Voici des exemples de réponses:
               Je le trouve **pa**ssionnant!
               Non, il s'écrit avec **un** «l»!
               J'**adore** ce parfum!

Pratique 4   Je voulais te dire/ que je m'en vais/ (5 syllabes/4 syllabes)
               C'cours-là/ j'l'aime pas du tout/ (2 syllabes/4 syllabes)
               Avec une orange/ tout s'arrange/ (5 syllabes/3 syllabes)

CHAPITRE 5

Pratique 3   Les lèvres sont étirées pour /i/ et arrondies pour /u/ .
               Pour /a/, les lèvres ne sont pas accolées et ne sont pas
               arrondies.

CHAPITRE 6

Pratique 1   /g/ est produit avec vibrations des cordes vocales alors
               que pour /k/, les cordes vocales ne vibrent pas.

Pratique 4   Vous devriez percevoir des vibrations des cordes vocales pour /g/, /l/ et /v/.

CHAPITRE 7

Pratique 1   «terre» /tɛR/ – «les» /le/ – «force» /fɔRs/ – «meurt» /mœR/ – «beau» /bo/ – «bleu» /blø/

Pratique 2   valet - pré - fait - allez/allée/allé - épais

Pratique 3   La p/o/me («paume») de la main.
N/ɔ/tre («notre») p/o/vre («pauvre») ami.
La c/o/te («côte») de boeuf.

Pratique 4   /Ri-vjɛR/ - /mɛR-vɛj/ - /pu-lɛ/ - /paR-ti/

Pratique 5   /pɔ-mje/ - /vɛR-dyR/ - /ko-tje/ - /fœ-jaʒ/

CHAPITRE 8

Pratique 2   Le mot «paonne» se prononce /pan/

Pratique 4   «punk» /pœ̃k/ - «acupuncture» /akypɔ̃ktyR/ - «junte» /ʒœ̃t/ - «bungalow» /bœ̃galo/

Pratique 5   Dans «parfum», «um» se prononce /œ̃/. Dans les autres mots donnés, la finale «um» se prononce /ɔm/.

Pratique 7   /vɑ̃t/ – /ʃjɛ̃/ – /tɑ̃pl/ – /ʒɛ̃ʒɑ̃bR/ – /bɛ̃zin/ – /ʒɑ̃R/ – /mɑ̃tɔl/ – /ljɛ̃/

CHAPITRE 9

Pratique 2   La voyelle orthographiée correspond à une voyelle prononcée dans les mots «vient», «buée», «nouer» et «fouet».

Pratique 3   Seule la prononciation /ɥ/ est acceptable dans «fruit» /fRɥi/ et «suivre» /sɥivR/. Dans le cas de «Louise» /lwiz/, on doit toujours utiliser /w/.

Pratique 4   «bille» - «grille» - «gentille» - «cille» - «pille». La suite «ille» se prononce /il/ dans les autres cas.

Pratique 5   «essuyions» /esɥijjɔ̃/

Pratique 6   /wa/ (/swaɲe/)

CHAPITRE 10

Pratique 1   En fait, dans «cinq doigts», il n'y a pas d'assimilation de
                 voisement car «cinq» se prononce [sɛ̃] devant un mot
                 commençant par une consonne.... Par contre, dans «sept
                 doigts», nous aurons une assimilation de voisement
                 [sɛ̪dwa].

Pratique 2   Les groupes /sR/, /pm/, /tl/, /km/, /fm/ ainsi que les
                 groupes «obstruante sourde + /n/» ne se retrouvent pas
                 en début de syllabe en français sauf /pn/ et /sn/.

Pratique 3   [yn-Rɔb̥-sɛ-Re] L'obstruante sourde [s], forte par nature
                 et par position (début de syllabe), assourdit la consonne
                 [b], plus faible par nature et par position (fin de syllabe).

                 [pl̥y-vjø] L'obstruante sourde [p], forte par nature et par
                 position (début de syllabe), assourdit la consonne [l] qui
                 est la plus faible du système consonantique.

                 [Ro-tid̥-pɔ:R] Le «e instable» n'étant pas prononcé, la
                 consonne [d], plus faible par nature que l'obstruante
                 sourde qui suit, se retrouve en fin de syllabe et est donc
                 également faible par position. La consonne [p], forte par
                 position (début de syllabe), assourdit [d].

                 [ʒk̥R̥i-pa] L'obstruante sourde [k], forte par nature,
                 assourdit à la fois [ʒ] et [R] qui sont des consonnes plus
                 faibles par nature.

Pratique 4   Les consonnes nasales comptent parmi les consonnes
                 qui sont les moins fortes par nature. Placées en début de
                 syllabe - et notamment de syllabe accentuée -, elles
                 acquièrent suffisamment de force pour nasaliser l'occlu-
                 sive orale qui précède.

Pratique 5   Votre ami vous dit qu'il a mangé «une baguette et d(e)mie» ([yn-ba-gɛ-ted-mi]). Le «e instable» n'étant pas prononcé, la consonne [d] se retrouve en fin de syllabe donc en position faible. La consonne [m], en début de syllabe accentuée, nasalise la consonne [d]. L'assimilation étant complète, [d] devient [n].

Pratique 6   «abcès» [apsɛ] - «obtus» [ɔpty] - «obstacle» [ɔpstakl]
La transcription phonétique du dictionnaire indique une assimilation complète du [b] par la consonne sourde qui suit. Ce type d'assimilation est fréquent en français. Notez, cependant, que les diacritiques que nous utilisons dans ce chapitre, ne sont pas utilisés dans les transcriptions phonétiques du dictionnaire.

Pratique 7   Les mots «pâte», «mâle» et «gâte» viennent respectivement de «paste» (XIIIe), «mas(c)le» (XIIe) et «guaster» (XIe). La longueur de la voyelle /ɑ/ consisterait donc en une compensation de la chute de la consonne /s/. Notez que cette consonne se retrouve en italien, par exemple, dans les mots «pasta», «maschio» et «guastare».

CHAPITRE 11

Pratique 1   [aR-lɛ-ta-ɛ̃-vi-te-sɛ-ta-mi-Rɔ-mɛ-na-di-ne]

Pratique 3   Le p(e)tit enfant [løptitɑ̃fɑ̃] (liaison)
Douze ans [duzɑ̃] (enchaînement)
Une allée [ynale] (enchaînement)
La p(e)tite île [laptitil] (enchaînement)
Deux ans [døzɑ̃] (liaison)
Un aller [ɛ̃nale] (liaison)

Pratique 4   LES‿IRRÉSISTIBLES‿AVENTURES DES‿INSPECTEURS

BON‿ANGE ET BON‿ENFANT

Pratique 5   Ce sont les mots «hockey», «harem» et «hyène» (qui peut être aussi prononcé sans H aspiré).

Pratique 6   Ces enfants adorables sont très attachés à leurs amis
              anglais
              1. [sezɑ̃fɑ̃adɔRablsɔ̃tRezataʃealœRzamiɑ̃glɛ]

              2. [sezɑ̃fɑ̃zadɔRablsɔ̃tRezataʃealœRzamizɑ̃glɛ]

CHAPITRE 12

Pratique 1   Dans les mots «revenir», «mangerai», «reçu», «levure»
              et «cheveux», le «e» sans accent correspond à un «e
              instable».

Pratique 2   On prononcera [y-nø] devant les mots «hauteur»,
              «hanche» et «haie».

Pratique 3   Dans le cas de «ce sac» et «le luxe», le «e instable» est
              prononcé car il est précédé et suivi du même son conso-
              nantique. Dans le cas de «ne pas fumer» et «de longue
              date», le «e instable» se maintient après la consonne
              occlusive.

Pratique 4   Ce sont les mots «Grenoblois» et «sacrement».